互联网＋背景下大学生创新创业教育探索与实践研究

李佳璐◎著

文化发展出版社
Cultural Development Press
·北京·

图书在版编目（CIP）数据

互联网＋背景下大学生创新创业教育探索与实践研究 ／
李佳璐著．— 北京 ：文化发展出版社，2023.8
ISBN 978-7-5142-4067-2

Ⅰ．①互… Ⅱ．①李… Ⅲ．①大学生－创业－研究
Ⅳ．① G647.38

中国国家版本馆 CIP 数据核字 (2023) 第 161994 号

互联网＋背景下大学生创新创业教育探索与实践研究

李佳璐 著

出 版 人：宋　娜
责任编辑：岳智勇　　　　责任校对：侯　娜
责任印制：杨　骏　　　　封面设计：守正文化
出版发行：文化发展出版社（北京市翠微路 2 号 邮编：100036）
网　　址：www.wenhuafazhan.com
经　　销：全国新华书店
印　　刷：天津和萱印刷有限公司

开　　本：710mm × 1000mm　1/16
字　　数：197 千字
印　　张：11
版　　次：2024 年 9 月第 1 版
印　　次：2024 年 9 月第 1 次印刷

定　　价：72.00 元
I S B N：978-7-5142-4067-2

◆ 如有印装质量问题，请电话联系：010-58484999

作者简介

李佳璐，1990 年 7 月生，女，汉族，陕西西安人，西北政法大学马克思主义学院讲师，博士，研究方向：马克思主义中国化。

公开发表论文十余篇，参与国家级研究课题 1 项，参与市厅级教育教学改革研究项目 1 项，并取得相应的公开发表成果且推广应用收益良好，参与并完成校级研究课题 1 项，参与校级教学改革研究项目 1 项。

前 言

随着大众创业、万众创新趋势的蓬勃发展，创新创业已成为激发全社会创新潜能和创业活力的有效途径。我国的创新创业教育机制研究工作已开展了很多年，并取得了一定的成果，但随着我国社会经济的发展增速放缓，大学毕业生的就业压力不断增大，如何提高大学生的创新创业能力对解决我国的经济和社会问题变得尤其重要。随着互联网的飞速发展及“互联网 +”概念的提出，“互联网 +”已经成为一种新的社会形态，如何发挥互联网在社会各领域中的作用，提升社会的创新能力，有着非常重要的意义，因此，探讨“互联网 +”背景下的高校创新创业教育机制是我国高校创新创业教育发展的必经之路，对推动我国经济和社会的发展有着非常重要的作用。

开展创新创业教育是新世纪对我国高等教育的新要求，是高等教育走向大众化的必然选择。创新创业教育的目的在于不断提高学生的综合素质，增强学生的创新意识、创业精神和创业能力。大学生创新创业教育的实施需要高等院校进行教育教学的变革，适应并促进创新创业教育的开展，大学生创新创业教育是一项复杂的系统工程。

本书共分为六章。第一章为大学生创新创业教育，包含创新创业教育的内涵、创新创业教育的时代意义、“互联网 +”创新创业、我国大学生创新创业教育发展状况四个方面的内容；第二章为创新思维与创新能力，从创新思维、创新思维的培养、创新能力和创新的方法四个方面进行论述；第三章围绕“互联网 +”概论进行论述，包括三节：走进“互联网 +”时代、解读“互联网 +”商业环境、起航“互联网 +”创业；第四章的主题是“互联网 +”大学生创新创业教育课程体系，分为四节：大学生设置创新创业教育课程的目标、大学生创新创业教育课程体系现状分析、大学生创新创业教育课程体系构建策略、大学生创新创业教育的学科化发展取向；第五章“互联网＋”背景下大学生创新创业的影响因素和路径，从“互联网＋”背景下大学生创新创业的影响因素、“互联网＋”背景下大学生创新创业的路径选择、创新创业教育与就业指导融合发展路径探究三方面展开论述；第六章对“互联网＋”大学生校园创新创业项目分析进行介绍，分别为：陕西皮影文化宣传推广方案、优科网络校园工作室、生鲜电子商务——鲜优网。

在撰写本书的过程中，笔者得到了许多专家学者的帮助和指导，参考了大量的学术文献，在此表示真诚的感谢。由于笔者水平有限，书中难免会有疏漏之处，希望广大同行及时指正。

李佳璐

2023 年 3 月

目录

第一章　大学生创新创业教育

创新与创业之间的关系极为紧密，它们共同构筑了一个完整的社会，而创新则是这一关系的核心，它既能够激励人们探索未来，又能够为人们提供更多的机遇，从而推动社会的发展，改善民生。因此，创新与创业的教育应当作为当今高校的一项重要任务，它能够帮助大学生更好地理解并实践这一理念，从而激励大学生的创业热情，为大学生的未来作出贡献。本章从创新创业教育的内涵、创新创业教育的时代意义、“互联网＋”创新创业、我国大学生创新创业教育发展状况介绍了大学生创新创业教育。

第一节　创新创业教育的内涵

一、创业含义

创业是一个有着丰富内涵的词语，《现代汉语词典》中把创业定义为“创办事业”。从传统的中国文化中追溯创业一词的底蕴，则创业一词不仅仅是指某种经济组织的创建与运行，更是指取得一种巨大的成就与贡献。《孟子·梁惠王章句下》中提出：“君子创业垂统，为可继也。”这里的创业是指“开创基业”的意思。《辞海》则扩大了含义，把创业一词定义为“创立基业”。在《牛津高阶英汉双解词典》中查找“创业”一词的含义，主要为“venture”和“entrepreneurship”，其中“entrepreneurship”更能表明“创业”这一词的内涵。

（一）创业内涵

创业，英文 entrepreneurship，这个概念最开始是由法国经济学家理查德·坎蒂隆（Richard Cantillion）提出。提出之后学术界从各自领域对创业概念进行了相关的理论化界定，但至今为止仍没有形成被广泛接受、一致认同的定义。国外学者对创业的概念的观点主要有以下几个方面：一是洛·麦克米尔（Low Macmillan）认为创业就是建立新的企业。二是杰弗里·蒂蒙斯（Jeffy A. Timmons）认为创业是一种思考、推理和行为方式。这不仅要求具有把握机会的能力，还要求有一个系统的实施准则和高度平衡的领导艺术。三是霍华德·斯蒂文森（Howard Stevenson）从组织的结构出发，认为创业是个人或组织追踪和捕捉机会的过程，同时这一过程与当时控制的资源无关。四是罗伯特·荣斯戴特（Robert Ronstadt）从价值创造的内涵出发，认为创业是一个创造增长财富的动态过程。五是夏恩（Shane）侧重于把创业与创业机会相联系，认为创业是尽可能地抓住创造新事物的机会，并致力于运用各种方式使新事物产生赢利。

国内学者对创业内涵的界定则多是在国外学者的理论基础上进行阐释或补充，其中，李政把创业与创新相关联，提出创业的本质是创新，其核心在于超越既有资源限制而对机会的追求。郁义鸿认为创业是一个发现和捕捉机会并由此创造出新颖的产品、服务或实现其潜在价值的过程。李家华则认为创业可以从三方面进行分析和理解：一是创业需要面对资源难题，设法突破资源束缚；二是创业需要寻求有效机会；三是创业必须进行价值创造。张玉臣等认为创业是创业者基于创造性的破坏精神，运用自己的创造性能力，识别、评估各种商业或者非营利机会，组织、创造或运用各种资源，促使各种机会实现，以达到实现价值增值的动态过程。吴建平等认为创业是指那些承担风险的创业者，聚焦于发现和利用独特商业创意和商业机会，投入已有的技能知识、配置相关资源、创建新企业从而为创业者个人和社会创造价值和财富的过程。李浩则把创业分为狭义与广义的创业，从广义上来说，创业不仅仅指成立公司，在自己的岗位上尽职尽责、忠于职守、开拓进取，也包括能实现个人价值和社会价值。从狭义上来说，创业通常指自主创业，即创业者个人或创业团队利用各种资源，通过多种方式，创立新的社会经济单元，为自己和更多人提供就业机会。

结合相关文献梳理，本书认为创业是指在创业精神的指导下，系统化的管理中抓住创造新事物的机会，并使新事物成为社会经济新增长点的过程。创业的内涵包含了以下两个方面。一方面，创业是创造新价值的过程。创业的概念起源于商业领域，其本质还是在于推陈创新，要求企业在经济生活中不断地创造新产品、新服务、新市场或新技术。另一方面，创业是创业精神和系统化管理共同起作用的结果。创业过程离不开作为创业主体的创业者，其创业行为过程是创业者的创业精神、管理技能的再现。创业者本身没有令人信服的精神与系统化的管理也不会产生有影响力的创业公司。

（二）创业要素

创业作为一个复杂的过程，需要主体创业者或创业团队在集合足够的资源并且发挥好自身能力与智慧的基础上，还要在创业目标的指引下才有可能实现。由此可见，企业的创业活动是一系列创业要素组合起来的结果，但是由于目前创业学尚未形成统一的理论体系，研究领域、目的和研究视角的不同导致对创业要素的分类各不相同。结合相关文献梳理，学者们先后提及的创业需具备的要素多达81种，如表1-1-1所示。

表1-1-1 国内外学者曾提及的创业要素

序号	创业要素	序号	创业要素	序号	创业要素
1	自有资金	29	社会对创业的接受性	57	市场环境
2	创业者	30	融资能力	58	社会关系
3	商机	31	中介服务机构	59	教育培训
4	创业资源	32	客户关系	60	创业意识
5	创业团队	33	年龄	61	智力资源
6	财务控制	34	性别	62	原材料
7	产业经验	35	创业胆量	63	生产手段
8	管理经验	36	行业竞争程度	64	经营场地
9	市场规模	37	成就需求	65	信息
10	专业咨询	38	冒险性	66	关系网络
11	家庭背景	39	经济环境	67	企业品牌
12	政治氛围	40	社会价值观	68	政府政策
13	市场成长率	41	商业敏感	69	企业孵化器
14	创业者受教育程度	42	人际关系	70	营销能力

续表

序号	创业要素	序号	创业要素	序号	创业要素
15	员工	43	区域文化氛围	71	理解能力
16	产品／服务时机	44	行业生命周期	72	创新能力
17	宏观经济	45	风险管理能力	73	非金融支持
18	创业精神	46	现有厂商市场影响力	74	社会服务
19	创业动机	47	现有厂商生产能力	75	法律
20	合伙人	48	政府背景	76	企业家才能
21	父母	48	金融支持	77	外部支持人员
22	基础设施建设	50	自然环境	78	企业联盟
23	创业欲望	51	工作经历	79	产业政策
24	开阔眼界	52	管理组织能力	80	心理特质
25	商业模式	53	科技环境	81	资源配置能力
26	创业意愿	54	金融环境		
27	关键技术	55	人才环境		
28	风险投资	56	文化环境		

结合相关文献梳理，本书认为创业者的能力与素质、创业机会、创业资源和创业环境共同构成了创业的基本要素。

1．创业者的能力与素质

创业者是创业过程的基本要素，也是决定创业是否成功的关键。越是成功的创业模式对于创业者的能力与素质要求也就越高。创业者的能力与素质可以分为几种类型：①资源优享型，这类创业者在创业前已经拥有了一定的人脉资源和资金资源，因此这类创业者在创业之初相对比较容易；②技术指引型，这类创业者通常是以大学生为主的年轻创业者，具备一定的专利技术和知识技能并且能把其坚毅的精神作为创业的动力；③信息优享型，这类创业者获得信息的能力和途径优于他人，并且能成功地将优势信息进行创业实践；④资源拓展性，即指组合型创业者，这类创业者涉及的企业不止一个，在原有企业的基础上进行并购、重组或购买实现持续创业。总之，创业者是创业活动中的主体，作为整个创业环节当中的实践核心，其内在的心理素质、智力与技术素质、资源背景和创业动机都直接影响和决定了企业创业结果的成功与否。

2. 创业机会

结合相关文献梳理，越来越多的学者认为创业机会是创业的核心要素。创业机会按照需求层次进行划分，可以划分为寻求生存的创业机会、追求经济效益的创业机会、达到实现创业者自身主体价值的创业机会及实现社会贡献的创业机会。不同创业机会的选择孵化出的创业模式也不尽相同，前两种创业机会的创业者通常会选择资源占有度和信息占有度较高的创业模式。对于那些有着更高层次创业理想和追求的创业者来说，他们更倾向于选择进入科技含量更高、创新性更强的领域，以实现自身的抱负。因此，创业机会的选择会直接地影响创业模式的选择。

3. 创业资源

当创业机会被创业者所把握，下一步就是尽可能获取所需的资源并有效地组织现有资源，拥有较多资源优势的企业，其成长的速度以及成才所到达的规模通常都要优于资源相对较少的企业，并且从企业资源理论的角度来看，当创业者采用的策略与其获得的资源相匹配时，创业成功的概率比较大。而关于创业资源内涵的界定，林嵩认为创业资源是企业创立成长过程中所需的各种生产要素和支撑条件。以资源获取的途径进行划分，林嵩把创业资源划分为了间接资源和直接资源。其中间接资源包含了政策资源、信息资源和科技资源三个部分，直接资源包含了资金资源、管理资源和人才资源三个部分。有效的创业资源整合能使创业者认识其创业所具备的优势，从而帮助创业者制订合理有效的战略定位。一方面创业战略的制订和执行需要一定的创业资源支撑其变为可能，只有拥有一定质与量的创业资源，创业战略才有制定和实施的基础。另一方面，创业资源不是一成不变的，随着创业过程的发展，创业资源也会产生一定的变化。创业资源的变化可以适当地校正企业创业战略的方向，帮助创造企业选择正确的创业战略。

4. 创业环境

任何经营活动都存在于一定的环境中，环境对企业经营活动的效率有不同程度的影响。企业成长的过程是不断地去融合企业所处创业环境的一个过程。因此企业创业的要素研究必须充分重视企业创业环境的双向作用。创业环境有广义和狭义之分，狭义是指创业者在创业活动过程中所面临的资金、市场、基础设施建设及政府政策等有形的创业硬环境。广义是指除了创业硬环境以外还包括的创业过程中面临的创业氛围、社会对创业的态度及创业教育等软环境。稳定的创业环境可以为创业者提供资金及设施的保障，更重要的是能为创业活动带来活力，激励更多的大学生参与创业。

（三）创业思维与培养

1. 创业思维的内涵

创业不是单纯的个体经营，也不是一加一等于二的简单逻辑构想。从人的思维逻辑上看，创业是具有创新意义想法的实践体系，这是一种开创性的实践活动，以高度的主观能动性作为其特征。从思维突变的本质上看，创业是人们的创业思维如何从理想变为现实的实践活动。法国经济学家理查德·坎蒂隆将创业思维定义为人们在不确定的环境下所作出的应急商业判断。创业思维作为一种应急商业判断，强调的是一种解决问题的观念和方法，尝试找到机会并利用机会，帮助创业者寻找到成功之路。戴伦（Darren）则认为创业思维是一种能帮助创业者决策和提高商业表现的能力，并且创业思维作为能力而言是可以通过后天学习获得的。同样图克尔（Tucker）和塞尔丘克（Selcuk）的调查研究也发现，如果高校能够提供足够的创业教育和激励，能促使更多的年轻群体成为创业者并且其商业表现也将更好。综上所述，本书认为创业思维应该包含发现商业价值思维、协同发展思维和应急能变思维三种思维能力。

（1）培养商业价值思维，提高创业者发现创业机会的能力

商业价值是指以商业利润作为商业活动的评判标准。创业不是单纯地将一种理想化的创业观念转变为经营活动的直线转变模式，而是要以价值作为其判断标准来加以创造。因此创业思维不只是强调发现商业机会并加以实践，而是要懂得如何在商业机会转变为经营活动的过程中获利。机会的发现、计划书的设计、资源的整合、市场的选择都是建立在商业价值判断的比较上的，这就需要创业者懂得尊重市场的力量，以市场的导向作为创业活动的依据和选择，努力地去培养商业价值思维的能力。

（2）协同发展思维，提升创业者的资源整合能力

“协同”在《现代汉语词典》中是指各方互相配合或甲方协助乙方做某件事。由此在商业过程中则是指商业组织与组织之间、创业者与创业者之间的协调与配合。创业是一个长时间的实践活动过程，不是一蹴而就的，更不是单独的个人就可以完成的事业，在这个过程中必然会遇到不同程度的困难。创业的成功需要整合和利用各种资金资源、劳动力资源、信息技术资源、社会关系资源等，这样就需要企业组织与企业组织之间共同协作才有可能促成创业目标的实现，其中利益分配是协作的基础，这要求创业活动者必须具备利益分享意识，在利益共享上整合资源、创造利润，由此养成良好的协同思维习惯。

（3）应急能变思维，提高创业者应对风险的能力

应急能变思维也称柔性思维或弹性思维，与之相对应的思维是直线思维。直线思维是指采取简单的、直接的、模仿式的思维能力解决问题。直线思维在遇到模仿性较强、复杂程度不高的问题时具有快速、有效解决问题的特点。但在不确定的环境下，面对一些复杂、创造性的问题时，直线思维往往难以解决。而应急能变思维则能对不确定性的环境保持开放的态度，并事先能构想出解决问题的蓝图，将不确定性纳入解决问题的考虑范围，从多个角度、多模式中寻求解决问题的办法。创业是在动态的环境下开展具体实践活动的，其本身就包含了不确定的风险性。因此，对创业者而言，首先就需要对创业的不确定性与风险有客观的认识，要能够预先对创业中的风险进行预估，尽可能地提前制定相应的方案，对风险进行规避，从而促成创业目标的实现。总之，创业者培养应急能变思维对创业思维的形成至关重要。

2. 创业思维的培养

当前有关于创业思维培养的理论，学者研究较多，但是综合分析可以发现创业思维的培养可以划分为两大类主流观点：一种观点认为创业思维的形成是个渐进的过程，是在创业者自身长时间的创业实践过程中逐渐养成的一种思维方式，是在长期的实践活动中逐渐形成与发展起来的，强调时间上的延续性。另一种观点则认为创业思维的出现是瞬时发生的，在创业者接收到某种外部信息后会在头脑中突然闪现某种想法，这种“闪现”也被称作“创业刺激”。综合来看，对于大学生群体而言，处在青年时期的大学生群体的逻辑性思维、定向思维、辩证思

维、抽象思维、发散思维及创造性思维都处于重要的转折点，因此，应该根据这些思维的特点，制定出有效的培训计划，以帮助他们更好地掌握创业思维，并为他们的未来发展打下坚实的基础。本书认为大学生创业思维的培养途径应该是一个系统化的过程，这个过程中包含了4个阶段，即大学教育的引导阶段、专业教学的培育阶段、案例与理念的结合阶段、理念平台的搭建阶段。需要指出这四个阶段不是一个阶段与下一个阶段层层递进的关系，而是相互构成一个完整的系统。

三、创新创业教育的发展

创新创业教育被联合国教科文组织誉为学习的“第三本护照”，它不仅可以减轻就业压力，而且还可以推动创新型国家的建设，它不仅仅是一种教育，更是一种教学改革，它可以帮助学生更好地实现自身潜能，推动教育教学的变革，推动人类智慧的积累，从而实现社会经济的可持续发展。

美国的迈赖斯·迈斯教授（Myles Mace）在1947年提出了“新创企业管理”课程，这标志着创新创业教育的开端。随着中国经济的快速发展，这种教育已成为一种重要的社会现象，它为中国的经济发展提供了强大的支撑，能够更好地满足国内市场的需求，并且使得中国的经济能够更好地融入全球竞争。

为主动适应经济发展新常态，国务院办公厅颁布了《国务院办公厅关于深化高等学校创新创业教育改革的实施意见》，该意见就高校开展创新创业教育的原则、目标、主要任务和措施作出了具体部署。2016年以来，创新创业教育已经成为我国发展战略的重要组成部分，并且得到了广泛的推广。目前，我国已经建立了完善的创新创业教育体系，包括课堂教学、自主学习、实践活动、指导服务、文化传承等，以促进学生的创新思维、创业理念及创新能力的不断提升。在创业方面，有越来越多的学生参与其中。

三、创新创业教育的含义

创新创业教育是对创新创业的认知、心理、能力等综合素养的培育。对创新创业教育最初的定义源于联合国教科文组织在1989年提出的一个全新的概念，即事业心和开拓技能教育。1991年，在日本东京召开的创业创新教育国际会议上，对“创新创业教育”给出了一个比较宽泛的定义：“培养最具有开创性个性的人，包括首创精神、冒险精神、创业能力、独立工作能力以及技术、社交和管理技能的培养。”2010年，教育部将“创业教育”的名称正式改为“创新创业教育”。从广义上来说，创新创业教育是在“创新教育”和“创业教育”两个概念基础上衍生出的新概念。创新创业教育以培养创新创业型人才为目标，高校通过创新教育理念和改革人才培养模式，强化对大学生创新创业意识、思维、精神和能力教育培养的方式和过程，从根本上提高人才培养质量，为国家和社会输出创新创业型人才。

第二节 创新创业教育的时代意义

习近平总书记在参加十三届全国人大二次会议福建代表团审议时强调，“要营造有利于创新创业创造的良好发展环境”。① 习近平总书记关于“创新创业创造”的重要论述具有严谨统一的内在逻辑和丰富的思想内涵，它是一个从科技创新、高质量发展再到伟大民族精神的系统性理论拓展，是推动实现伟大中国梦的战略新抓手。

一、创新是“形势所迫”，是应对百年变局的必由之路

当前世界经济正处于第三次和第四次技术革命交汇期，这个阶段创新竞争异常激烈，各个国家普遍都将创新作为国际竞争优势的决定性力量。习近平总书记明确指出“即将出现的新一轮科技革命和产业变革与我国加快转变经济发展方式形成历史性交汇，为我们实施创新驱动发展战略提供了难得的重大机遇”，② 他强调“科技创新是提高社会生产力和综合国力的战略支撑，必须摆在国家发展全局的核心位置”。③ 党的十八届五中全会通过的《中共中央关于制定国民经济和社会发展第十三个五年规划的建议》提出：“创新是引领发展的第一动力”。为了解决

① 新华社．营造利于创新创业创造的良好发展环境——习近平总书记参加福建代表团审议时重要讲话产生热烈反响[EB/OL]．(2019-03-11) [2023-03-04].https://www.gov.cn/xinwen/2019-03/11/content_5372720.htm.

② 新华社．中共中央政治局举行第九次集体学习 习近平主持[EB/OL]．(2013-10-01) [2023-03-04].https://www.gov.cn/ldhd/2013-10/01/content_2499370.htm.

③ 同上．

当今时代发展中的不均衡和不足问题，必须坚持新的发展理念，加强重点领域的建设，弥补短板，增强薄弱环节，并且要坚持走创新之路。

二、创业是“大势所趋”，是实现高质量发展的战略举措

如果说科技创新解决经济新常态的动力问题，那么创业要解决的是经济发展的主体和活力问题。创业是将科技与资本、设备、人才等生产要素结合起来，它实质上是对科技创新的综合应用和产业化。让市场真正成为配置创新资源的力量，让企业真正成为技术创新的主体。加快科技创新步伐，促进制造业和服务业的协同发展，搭建起科技创新与经济社会发展的桥梁，激发各种劳动、智慧、技术、管理、资金的活力，实现可持续的发展。随着全社会的创业热潮的不断升温，新的市场参与者和消费者的需求也在不断增加，从而催生出一系列新的商业模式，使得中小型民营企业在市场上变得更加强势，推动着中国经济的高质量发展。

三、创造是“时代必然”，是凝聚力量实现中国梦的重大选择

党的十九大报告提出 2035 年基本实现社会主义现代化的目标。基本实现现代化需要激发全民族的劳动创造精神。如果说创新创业是经济发展的助推力，那么创造则是新时代高质量发展的必然要求。习近平总书记提出要“推动中国制造向中国创造转变、中国速度向中国质量转变、中国产品向中国品牌转变”。①“中国创造”标志着“中国制造”的重大跨越，它将加工制造的过程推向价值的最大化，这也标志着“品质革命”是一场国际化的竞争。中国的经济发展，也推动了国外的科学技术进步。随着中国创新企业不断加入全球技术标准和贸易规则的制定，“中国创造”对于推动世界创新的重要性也变得更加突出。

“中国创造”更是指全体劳动人民伟大的创造精神。在十三届全国人大一次会议上的重要讲话中，习近平总书记热情讴歌中华民族的伟大创造精神、伟大奋斗精神、伟大团结精神和伟大梦想精神，指出“只要 13 亿多中国人民始终发扬这种伟大创造精神，我们就一定能够创造出一个又一个人间奇迹”。创造精神缘

① 中国铁路 工程集团有限公司党委．深入推进“三个转变”创建世界一流企业[EB/OL].(2021-04-29) [2023-03-05].http://finance.people.com.cn/n1/2021/0429/c1004-32091500.html.

起于中华民族艰苦奋斗自强不息的精神传统和文化内蕴，也是中国梦实践中的伟大民族精神的自我升华。“创造”象征着中华民族坚韧不拔的精神传承及其独特的文化底蕴，它激发了中国梦的实现，让人们拥抱了挑战、改变、进步的勇气，让人们在无限的可能性中走向成功。“创造”的成功离不开来自于广大人民的共同努力，在这个充满活力的时代，人们应该积极推动劳动光荣的文化传承，不断提升职场的素养，积极推动“尊重人民首创精神”，保护创造成果的实施，积极培养劳动者、企业家、科学家的优秀品质，充分调动全社会的积极性，以期唤醒更多的创新活力，为实现中华民族的伟大复兴贡献自己的力量。

四、“创新创业创造”重要论述是有机的思想整体

“创新创业创造”旨在建立一个完整的思维框架，其中包括了从科技创新的角度出发，将不同的生产要素有效地结合，并且鼓励人们发挥自身的潜能，最终实现伟大的民族精神的传承。

科技创新的驱动力来自于各行各业的科技从业者，他们之中不仅有技术专家，而且还包括企业家，尤其是民营企业家，他们是创业就业的重要推动力；而创造力则来自于每一个中华儿女，他们不仅是拥有专业技术的科学家、大国工匠、民营企业家，还是拥有创新思维的普通老百姓。他们是当今时代最具影响力的新一代人物。

在精神动力上，创新需要大力弘扬爱国、创新、求实、奉献、协同、育人的新时代科学家精神，以科学家的榜样力量引领全社会创新智慧的充分迸发和创造力量的不断涌动；创业需要激发企业家精神，发挥企业家才能，冒险、创新、永不满足、服务社会的精神是创业的内在动力；创新是一种活力，它需要科技工作者和企业家共同努力，激发他们的创新求变精神，同时也需要普通民众的劳动和工匠精神来推动发展。创新需要思考，创业需要实践，而创造则需要强调精神。创新创业是一种归属和实践，而创造则是其灵魂和动力，因此，我们必须全面把握新时代创新创业创造精神的实质。

在作用领域上，创新是一种引领未来的力量，它可以改善人们的生活，促进国家、民族、世界的发展。

总之，习近平总书记关于“创新创业创造”的重要论述体现了从生产力、经

济基础再到社会系统的理论逻辑上升的过程。创新是一种极具活力的能量，它可以改变传统的生产方式，并且可以推动社会的发展。创业则是一种以创新为驱动力的行为，它可以为经济的发展提供强大的支撑，并且可以激发出更多的创新性的劳动，从而使得经济的增长和社会的进步得以实现。创新不仅是一种思考方式，而且还是一种推动社会进步的力量。它不仅关乎个人的成就，而且还关乎整个国家的未来。通过不断的创新，可以推动国家的进步，促进经济的增长，同时也可以提高人们的生活质量，引领人们走向一个全新的时代。习近平总书记关于“创新创业创造”的重要论述是有机的思想整体，必须深刻把握其丰富的时代内涵，汇聚创新创业创造的强大动力，努力推动中华民族伟大复兴及中国梦的实现。

第三节 “互联网＋”创新创业

一、“互联网＋”创新创业的机遇

“互联网＋”行动计划旨在促进互联网创业的蓬勃发展，而“互联网＋”行动则是为了迎接新一轮技术革命带来的变革，它不仅能够促进新一代IT的普及，而且还能够帮助促进工业化、信息化的深度融合，从而为我国的经济转型升级提供强有力的支撑。历史证明，当前的科学技术发展水平不断提高，并且不断地改变传统的经济结构，这将带来许多新的商机，并且促进投资者的增长，为创新型企业的发展提供极其有利的环境。

“互联网＋”旨在推动传统产业的变革，利用物联网、大数据等前沿技术，推动工业互联网的发展，实现传统产业的结构优化和转型升级。“互联网＋”则旨在提供技术支撑，激发创新思维，以期在产业结构调整、传统产业转型升级方面发挥重要作用。为了促进中国经济可持续发展，必须采取措施，以“双引擎”为指导，构建新的经济增长动力。一方面，应该鼓励大众创业和万众创新，激发民众的智慧和能量；另一方面，应该改造传统的经济增长模式，要利用信息技术来提升传统产业的效率。

“互联网 +”有利于催生新兴产业和新兴业态，培育新的经济增长点，打造中国经济稳定增长的“新引擎”。“互联网 +”在发展新业态及新兴产业、培育新的经济增长点中发挥着重要作用。互联网与制造业、生活服务业及农业等领域的联系日益紧密，各产业间的深度融合导致更多新业态的出现。“互联网 +”加速了产业间的融合，经济潜力巨大。同时，“互联网 +”有助于促进现代服务业及战略性新兴产业的发展。

“互联网 +”推动商业模式的转型，以满足消费者的需求，让产品和服务更具针对性。随着互联网技术的不断普及，人们的消费行为也在不断演变，网络购物正在成为一种时尚。“互联网 +”为了满足消费者的需求，将其作为推动商品生产、流通和消费的核心驱动力，从而实现了从大规模、单一品种的刚性生产到小规模、个性化定制的柔性生产的转变；“互联网 +”利用扁平化的营销渠道结构，缩短了流通环节，减少了交易时间和成本；在消费环节，“互联网 +”使得消费模式发生颠覆性变革。

“互联网 +”有利于促进商业模式的革新，通过平台模式的发展和平台效应的发挥，实现资源要素的跨界整合与效率提升。平台模式与平台经济是“互联网 +”的重要特征。“互联网 +”时代的到来为商业模式带来了巨大的变革，从电子商务平台、众筹平台到在线教育平台，这些新型的商业模式已经普遍存在，它们不仅可以满足消费者的需求，而且还可以吸引更多的生产者和消费者，从而推动交叉网络的发展。“互联网 +”为企业的生产经营带来了巨大的改善，它不仅有助于解决信息不对称，而且还能够促进资源要素的跨界整合和合理配置，从而推动企业边界的模糊化和层级的扁平化，从而大幅度地提高企业的运行效率。

“互联网 +”引领一种新的、具有普遍性的、具有可持续性的、具有可操纵性的互联网思维，以促进中国社会的深刻转型。“互联网 +”则旨在激励人们以一种可持续的、可拓展的、可改善的方式来使用互联网，从而改变人们的思维模式。与传统的思考方式不同，将互联网元素纳入个人思考框架可以有效激发个体的潜力，促进其全面成长。

“互联网 +”旨在通过降低创业门槛、减少创业成本，构建一个公正、透明的市场环境，拓宽创业投资的渠道，推动中国走上创新型经济的道路。“互联网 +”将为创新者提供一个更加宽松、自由、灵活的市场环境以及更多的风险投资机会。

（1）“互联网＋”时代的创业环境更公平。互联网平等赋予每个人获取信息、交流沟通、言论表达、交易等能力和机会，创业环境相对透明公平，且互联网创业以创业者能力为导向，行业竞争更加良性。

（2）“互联网＋”时代的创业产业链极其丰富，其衍生性极高，为传统行业提供了更多的发展机遇。

（3）“互联网＋”的出现，使得创新型企业的初期投入得到极大的降低，使得创业者能够更加便捷地在线寻求人才和资源，从而大大提高了创业的效率和成功率。

（4）随着创业、创新与创投“铁三角”的出台，股权投资的活动变得越来越频繁，它不仅可以帮助投资者进行投资决策，还可以帮助投资者进行投资行为的评估，从而促进投资者的投资回报，推动互联网行业的发展。

二、“互联网＋”创新创业的挑战

（一）创新创业实践中的误区与偏差

（1）很多创业者，特别是缺乏社会经验的大学生创业者，对“互联网＋”创新创业的残酷性往往没有充分认识和准备。事实上，创业公司存续期短、成功率偏低历来都是无法回避的现实。从欧美调查数据来看，50 %以上的创业公司存活时间不足 5 年。“互联网＋”虽然降低了创新创业的门槛，但比起传统的创新创业更具残酷性。随着移动互联网的普及，许多新的商业模式和服务都开始涌现，这些商业模式的网络特征使得它们具有了先发优势，并且拥有了极强的用户黏性，从而有可能导致行业垄断的局面。尤其是在细分领域，第一和第二的竞争变得越来越激烈，最终导致第三的崛起。根据最近的调查，中国 70 %的大学生创业活动主要集中在互联网外卖领域，但这种模式过于单一，缺乏创新性。由于“饿了么”“美团外卖”已经占据了相当大的市场份额，这种“互联网＋”创业活动几乎不可能取得成功。若不加以阻止，这种盲从的创业行为将导致巨额的创新和创业资源的浪费，从而影响到社会的发展。

（2）创业者们常常会把“互联网＋”的概念当作一种炒作，只关注表面的创新，却忽视了真正的创新，也就是说，他们没有真正关注核心技术、产品质量和服务品质的提升。以一家国内知名的智能手机公司为例，该公司的创始人利用自己的媒体从业经验，在 15 个月内发布了旗舰手机，但是最终的出货量却不到 30 万台。

（3）许多传统行业公司，尤其是国有大型公司，对“互联网 +”的发展没有足够的敏感度，没能够充分认识“互联网 +”的重要性。这主要是因为它们仍然处于旧的技术体系中，并且在新旧技术体系的交替及技术经济模式的变化过程中，它们往往缺乏足够的动力去适应新的发展趋势。随着科技的发展，传统的信息化模式已经不再能够满足当今市场的需求，人们需要更加深入地理解并运用云计算、大数据等新兴技术，以更好地满足消费者的需求。

（二）基础性支撑条件有待改善

（1）我国“互联网 +”的基础设施发展落后于其他国家，尤其是“数字鸿沟”，其宽带建设和网络传输能力远远落后于美国、欧洲、日本、韩国等发达国家，这种不平衡的状况对“互联网 +”的创新和创业活动构成了极大的阻碍。

（2）当前的教育体系已经无法满足当今社会对创新和创业的迫切需求，尤其是“互联网 +”的出现，更加凸显了高等教育质量和职业技术教育的不足，当前的教育体系尚未形成一套完善的、有效的人才培养模式。

（3）中国经济正快速发展，但资本市场的发展仍远远落后于其他国家，其中最严重的是，资本市场的融资需求无法得到有效满足，甚至变成了投机炒作的工具。

（4）核心技术与欧美国家仍存在较大差距。“互联网 +”虽然降低了创新创业门槛，但新业态、新模式的成长和发展最终需要依靠核心技术为根本支撑。近年来，中国在技术创新方面取得了巨大的成就，但是，相比欧美日等发达国家，中国在许多核心技术上还有待提升。尤其是 IoT（物联网）的关键核心技术，如 RFID 标签（射频识别标签）、非接触式智能卡、应答装置、发射接收器等，一些发达国家的优势更加突出。尽管华为、中兴等国内领先的 IoT 公司一直致力于拓展 IoT 的实际应用，但他们仍有 10 年的时间未能充分利用其先进的关键核心技术，这一现象令人担忧。

第四节　我国大学生创新创业教育发展状况

一、高校创新创业教育的演进历程

“创新创业教育”是新近出现的全新概念，是适应经济社会和国家发展战略需要而产生的一种教学理念与模式。在创新创业教育概念出现之前，已经有“创造教育”“创业教育”“创新教育”3个概念存在并得到广泛运用，它们之间有什么区别和联系？本书对创新创业教育概念产生之前已经存在的创造教育、创新教育、创业教育在纵向上进行系统梳理。

1917年，现代中国开始探索创新教育理念。陶行知作为这一理念的集大成者及实践者，积极推进创新教育的发展，20世纪三四十年代，他更是发表《创造的教育》《创造宣言》《创造的儿童教育》等多篇演说，为中国的创新教育作出了重要贡献。随着改革开放的推动，创造教育迅速成为一种新的教育模式，它不仅融合了生活教育理念，而且还为儿童教育提供了新的视角，使其能够更加普及、易懂，并且具有鲜明的地域性。1985年，中国发明协会宣告建立，这标志着国家开始建立创造学的学术团体；1994年，中国创造学会正式成立，这标志着创造学的发展进入一个新的阶段；1994年，中国发明协会中小学创造教育分会也随之诞生，这使得中国的创造教育进入一个更加系统化、更加协调的发展阶段。随着时代的发展，创新教育已经迈出坚实的步伐，不断走向更广阔的发展空间。1995年，中国发明协会正式成立了高校创新教育分会，并定期举办全国性的高校创新教育研讨会，以推动创新教育的发展。结合创造教育在中国发展的实际状况，张武升认为创造教育的产生与发展绝不局限于教育内部，它直接与社会思想文化的变革相关，与时代变迁同呼吸、共命运。

进入20世纪90年代，中央教育科学研究所于1998年提出“创新教育”的理念，并联合了20多个省市的教育研究机构和大、中、小学校开展了创新教育研究与实验，有力推动了教育改革。1999年下半年以后，“创新教育”的概念开始在全国主要报刊上广泛应用。

1988年，胡晓风首次提出中国的创业教育理念，1992年，四川省合川县（撤县建市）利用“生活教育整体试验”的政策，全面推动了创业教育的实践，并将不同层次的教育活动都纳入其中，取得了良好的效果。胡晓风等深入探讨了创业教育的概念，他们认为，“创业教育”是一种将个人经历与职业发展相结合的教育，其目的是帮助学员获得更好的未来，并培养他们的生存技巧、工作技巧和创造性思维。因此，他们认为，通过这种教育，学员可以获得更好的未来，并且可以更好地实现自己的梦想。他们认为创业教育是科技、教育、经济的有机融合，以德育为基础、创新发展为重点，将学术知识与实践技能紧密联系起来，科学地确定了创新教育的内容、目标、准则，形成了完善而有效的体制机制。1990 年下半年到 1991 年 9 月，国家教育委员会基础教育司劳动技术处组建了“五省一市”（北京市、江苏省、湖北省、四川省、河北省、辽宁省）作为研究创新教育等的项目单位，并在联合国教科文组织亚太地区办事处组织的“提高青少年创业能力的教育联合革新项目”中发挥了重要的作用。从 1992 年初到 1995 年 9 月，江苏省的“创业教育理论与实验研究”受到国家教育科学“八五”的支持，不断深入地探索和推动创新教育的发展。1990 至 1995 年，对继续教育、基础教育和职业教育等多个领域进行探索，并且通过大量的实证和研究，成功地将创业教育的核心概念和相互联系明确地划分出来，从而为更好地开展创业教育的实践和研究打下了良好的基础。2002 年 4 月，随着许多高校积极参与创业教育，教育部在 9 所大学推出了创业教育的试点项目，从而使中国的高等教育从原本的自主探索转变为受教育部指导的多样化尝试。在试验过程中，各高校分别通过不同的方式，探索开展创新创业教育实践，形成了“课堂教学为主导”“以增强学生创业意识、创业技能为重点”“综合式”3 种教育模式，为其他高校开展创业教育提供了丰富的参考和借鉴。2008 年，教育部开展了 32 个创新型创业教育试点，以探索更加有效的人才培养模式，取得了显著的成果。这些试点的成功实践，为全国各地的大学提供了一个有力的榜样，以促进创新型创业教育的发展。

随着研究的日益深化，逐渐出现了将创新教育与创业教育统一整合为一个整体的趋势，提出了“创新创业教育”的新概念。“创新创业教育”的提法在 2010 年被教育部在《教育部关于大力推进高等学校创新创业教育和大学生自主创业工作的意见》中正式采用，并明确地将创新创业教育定义为“是适应经济社会和国家发展战略需要而产生的一种教学理念与模式”。作为第一个推动创新创业教育的全球性、指导性文件，其清晰地指出要将创新创业教育纳入人才培养的整个过程中，以满足所有学生的需要，并且将其作为一种综合的教育模式，以满足当前的社会需求。“提高自主创新能力，建设创新型国家”和“促进以创业带动就业”的发展战略，使得各个时期的创造教育、创新教育及创业教育得以有机统一，充分体现了国家的战略意图，也满足了社会的需要。2015 年，国务院办公厅颁布了《国务院办公厅关于深化高等学校创新创业教育改革的实施意见》，提出“坚持协同推进，汇聚培养合力”的基本原则，强调要把完善高校创新创业教育体制机制作为深化高校创新创业教育改革的支撑点，并提出了集聚创新创业教育要素与资源，统一领导、齐抓共管、开放合作、全员参与的组织原则。在此阶段，搭建多元主体协同育人体系成为推进创新创业教育的重要举措。2018 年，教育部办公厅发出《教育部办公厅关于做好 2018 年深化创新创业教育改革示范高校建设工作的通知》，重点对创新创业教育课程体系建设、师资队伍建设、实践活动教育开展提出了要求，并强调要将创新创业教育与专业教育、思想政治教育、职业道德教育培养体系紧密结合，着力打造创新创业教育专门课程群，提出了建立中国特色、世界水平的创新创业教育体系的目标。同年，国务院出台《国务院关于推动创新创业高质量发展打造“双创”升级版的意见》，从创新创业生态建设、科技成果转化机制建设、大中小企业融通发展、创新创业国际合作等多方面要求各部委协同合作，推动创新创业高质量发展，打造“双创”升级版。2019 年教育部办公厅发出《教育部办公厅关于做好深化创新创业教育改革示范高校 2019 年度建设工作的通知》，强调要把创新创业教育贯穿人才培养全过程，打造“五育平台”（思想政治教育、专业教育、体育、美育、劳动教育）。2020 年 9 月，教育部办公厅发出《教育部办公厅关于做好深化创新创业教育改革示范高校阶段性总结工作的通知》，要求“各示范校要继续聚焦课程体系、培养机制、教法创新、实践训练、教师队伍等重点领域和关键环节改革”。2021 年 10 月，国务院办公厅出台《国务院办公厅关于进一步支持大学生创新创业的指导意见》，针对当前大学生在创新创业实践中所面临的融资难、经验少、服务不到位等问题，提出了“优化大学生创新创业环境”“加强大学生创新创业服务平台建设”“推动落实大学生创新创业财税扶持政策”“加强对大学生创新创业的金融政策支持”等一系列综合措施。可见，在该阶段各项政策都导向了创新创业教育体系的构建。

二、高校创新创业教育存在的问题

（一）育人合力尚未形成

由于缺乏一支具备良好素养的教师团队，教材的撰写变得极其困难。优秀的社会资源和学生创新项目的有效联系也不够紧密。这些问题的根本原因在于创新创业教育的氛围刚刚形成，全国各地区的成功案例及典型经验尚未形成和推广，各省对于扶持高校开展创新创业教育的平台建设和政策支持也在逐步确定的阶段，尚未在行业内或区域内形成资源互补和良性互动，无法形成发展的合力。

（二）运行机制尚未成熟

运行机制包括三种类型：一是“独立式”运行机制，设立专门的教育管理机构，由专职人员负责学校创新创业教育的开展；二是“嵌入式”运行机制，依托工商管理学院、商学院成立的相关教学管理机构，多由兼职教师负责相关工作的开展；三是“联动式”运行机制，由学校领导牵头，协调教务、学生、就业、科技创业园区等机构成立工作指导委员会，各部门协同负责，这也是目前高校较为普遍的运行机制。鉴于当前缺乏有效的制度性规划，许多高校对于推动创新创业教育的认识水平及实施能力存在差异。许多学校尚未建立专门的教学管理机构，而是依靠领导的指挥、分配的任务，这种模式虽然有助于推动学生的学习，但是却无法有效地实现学习的长期性、有效性以及形成学习的共识。

（三）学科体系亟待建立

目前我国还没有完善的创新创业教育学科体系，需要加强师资队伍的建设、提高教学质量、完善教学方法、加强教材建设，并且加强对创新创业教育课程的科学设计和深入研究。此外，还要努力完善兼职教师的准入标准，提高队伍的流动性，并且完善认证体系和激励机制。改进教学方式是一项艰巨的任务，既要求提高教学质量，又要求充分利用现有的教学资源。随着时代的发展，许多高校的创新创业课程已经不再仅仅作为辅助，而是成为一门强调模拟与实践的综合性课程。然而，由于学习者的时间和能力受到了一定的限制，传统的课堂教学方式已经不能满足当今社会对于创新创业的需求。因此，如何更好地利用资源，以提升创新创业教育的整体水平是当今社会需要探讨的问题。尽管教材的数量有限、种类单一、针对性不足，但是这并不能阻碍创新创业教育的发展，创新创业教育发展受阻是由于学科建设的不足、科学研究处于初级阶段以及对许多理论问题缺乏共同认知。

三、中国创新创业教育的发展趋势

（一）“面向全体”是主流趋势

教育部强调“创新创业教育要面向全体学生”，并且要求各大高校采取多种措施来实施“面向全体”的教育理念。“面向全体”旨在帮助学生树立创业的思想、掌握相关的技能，并且加强他们的创业意识，推广相关的创业知识。事实上，“面向全体”的创新创业教育有更为广阔的科学内涵，例如，有的学者提出的“广谱式”和“全校性”创新创业教育，就是“面向全体”理念的深化和具体化。“面向全体”的创新创业教育可以划分为三个不同的阶段：初级、中级和高级。初级阶段的重点是追求数量的增长，而当前的重点则是推动组织的转型。因此，我们需要迅速推进改革，尽快进入高级阶段，并致力于实现理念的提升、和谐的共存，构建一个健康的生态系统。

（二）形成特色鲜明的教育模式是重要途径

高校创新创业教育的模式有校本模式、区域模式、行业模式三类，并且朝着更加突出地域特色和行业特色的方向发展。未来，高校应该进一步完善三位一体、特色鲜明的模式，将校本、区域和行业这三个方面有机融合，统筹协调，紧密联系，以实效性为衡量标准，构建出一套独具特色的创新创业教育模式，以满足社会对创新创业的需求，促进经济社会的可持续发展。通过提供全面的创新和创业教育，希望能够提升整体效果。“三位一体、特色鲜明”是以“利益契合、准确定位”为基础的综合型教学模式，它旨在将学术理论、技术、管理、人才培养、社会服务等多种要素有效地融入学习中，以促进学生的全面发展，激发学生的学习热情，培养学生的创新能力，激励学生的创造力，促进学生的全面成长，使学生能够更好地适应当前的社会环境，从而达到学习的有效性，促进学生的全面发展。

（三）完善教育体系是实现纵深发展的关键

创新创业教育的基础架构是以课程实践化、实践课程化为基础，结合知行并重、知行融合的内容，构建出的一套完整的、具有针对性的、能够满足学生需求的课程教育体系。

1. 创新创业教育课程体系的实践化

创新创业教育课程体系的实践化包括课程内容实践化和教学方法实践化两个方面。课程内容实践化强调了教学内容应该与创业实践相结合，并且应该在课堂上提供更多的实际操作，以便让学生更好地掌握创业技巧。然而，“去理论化”则强调了理论知识的重要性，它的目的并非把理论知识与实际操作完全分离，而是让两者有机结合，以便让学生更好地掌握创业技巧，并且可以更好地运用这些技巧去解决问题，利用专业的理论知识为创业提供指引。“教学方法实践化”旨在通过多种多样的教学方法，如开放式、互动式、研讨式和案例式，来提升学生的创新能力和实践技能。它采用了多种形式，如模拟、活动、体验、案例等，让学生有机会参与到创业的过程中，从而有效地提升创新能力，并且能够有效地填补传统创业教育体系的空白。

2. 创新创业实践教育体系的课程化

通过参与竞赛、园区和活动，学生可以将所学的创业理论知识转化为实际的操作技巧，从而获取丰富的创业经验。为了更好地推进创业实践教育，需要根据当前的情况，制订合理的规划，不断改进现有的教育资源，开拓新的教育模式，加强培养学生的能力，从而使创业实践教育体系更加规范化。为了更好地推动创业发展，首先，应该采取科学的规划，将创业实践教育与专业实践教育紧密结合，并以课程体系为指导，从内容、形式、师资、管理及保障等多个维度进行全面改进；其次，还应该改变传统的实践教育思维，让学生和老师正确认识创业实践的重要性；再次，要规范实践教育过程，突出强化实践教育的育人功能；最后要完善实践教育考核方式，轻结果评比，重能力培养。

（四）构建系统化协同推进的支持体系是有力保障

创新创业教育是一项系统工程，需要体制机制、师资队伍、社会资源等多个因素作为支撑保障。

1. 成立大学生创新创业教育专门机构，完善体制机制

随着创新创业教育的不断深入，机构和制度的保障要求也变得更加严格，因此，建立专门的大学生创新创业教育机构、完善制度、理顺机制，将是未来发展的必然趋势。为此，学校应该根据自身特色，设立创业学院或中心，将创新创业教育和大学生自主创业工作纳入学校重要议事日程，完善领导体制，建立健全由教学、就业、科研、团委、大学科技园等部门参与的创新创业教育和自主创业工作协调机制，统筹校内资源，以促进创新创业教育的有效实施。通过全面的规划与协调，重点关注创新创业教育、创业基地建设、创业政策支持及创业指导服务，并且明确各方职责，以确保人力、物力、财力的投入。

2. 打造“三师型”师资队伍

为了提升师资队伍的整体水平，应该重点建设三种类型的师资队伍，包括理论型的校内专职教师、综合型的校内外兼职教师及实践型的社会兼职教师。此外，教师还应该具备三种素质的专业知识，包括讲课的能力、咨询的技能以及实践的技能和创业的经验和能力，从而提升教师水平，优化教师结构，突破质量瓶颈。

3. 构建科学化、规范化、具有可行性的产学联盟支持系统

产学联盟是一种革命性的合作模式，它涵盖了大学与学院、企业与企业等多个领域。它的建立遵循三个原则：利益一致、优势互补、资源整合，并包括五个子系统：作用系统、平台系统、组织保障、机制保障、过程控制。为了促进高校与企业之间的协同合作，可以建立一个平台实施各项措施，建立一套组织保障机制，以确保产学联盟的顺利运转；建立过程控制系统以更好地管理合作，为创新与创业教育提供资源、实践、经验及研究支持。

第二章　创新思维与创新能力

创新能力简称创造力。创新能力意味着产生某种过去不存在的东西，创新能力的结果有其独特性和稀有性。本章主要概述了创新思维与创新能力，包括创新思维、创新思维的培养、创新能力、创新的方法四个方面。

第一节　创新思维

人们天生排斥新鲜的事物，在大脑中负责记忆的海马体被连接到两个被称为“杏仁核”的神经元小球上。如果出现熟悉的事物，海马体就会迅速地被激活。但如果是新鲜的事物，海马体就很难找到与之匹配的记忆，它就会把这种事物鉴定为不熟悉，然后向杏仁核发出信号，人们就会感到抵触和反感。这是人们接受事物的生理学基础，也是人们的一种本能，被称为“盖茨尔斯—杰克逊效应”。

一、思维的概念

（一）思维的概念

思维是人脑对客观事物概括的、间接的反应过程。思维过程是人们认识活动的高级阶段，也是人们对客观事物的反映，来源于客观世界，反映出客观事物的一般性和规律性的联系。在人们的日常生活中，时刻都离不开思维，用它学习知识、解决问题、辨别真伪、识别美丑、探索新知，创造未来。

思维具有以下 3 种特征。

1. 思维的概括性

思维的概括性是指在大量的感性材料基础上把人类事物共同的、本质的特征和规律抽取出来。其中概括是人形成概念的前提，是思维活动能迅速迁移的基础。同时，概括能力是会随人们认识水平的提高不断得以提高的。

2．思维的间接性

思维的间接性是指人们借助于一定的媒介和知识经验对客观事物进行间接认识。例如，读万卷书，在阅读中即使读者没有作者的经历也可以在头脑中进行加工，感受作者所表达的喜怒哀乐。正因如此，思维的间接性能使人们超越感知觉提供的信息，认识那些没有直接作用于人感官的事物和属性。

3．思维是对经验、信息的再加工

思维活动往往与场景密不可分，经常由一定的问题情境引起，大脑试图通过对已有的知识经验进行重建、改组和更新，试图解决当下情境所面临的问题。

（二）创新思维的概念

创新思维又称创造性思维，与其相对应的是常规思维。常规思维是指人们运用已获得的知识经验，按已有的方案和程序直接解决问题。

许多心理学家认为，创新性思维是多种思维的综合表现形式。它既是发散性思维与复合性思维的结合，同时也是直觉思维与分析思维的结合。广义的创新思维是指人们在提出问题和解决问题的过程中，一切对创新成果起作用的思维活动。狭义的创新思维是指人在创新活动中直接形成创新成果的思维活动，常常是非逻辑思维的一种形式。

普遍认为，创新思维是不受传统经验束缚，能把过去的知识经验部分抽取出来，重新组织已有的知识经验，提出新颖的解决方案或程序并创造出新的思维成果的思维活动。

一个人如果具有创新思维就能打破常规、突破传统，具有丰富的想象力、敏锐的洞察力、预测能力和超强的感知力，从而使思维具有一种超前性、变通性。对于人而言，创新思维是可以通过学习与刻意练习来改变与提高的。大学生接受外界事物与适应变化的能力要高于普通群体，完全可以通过坚持不断地培养和刻意练习提升其创新思维能力。想象力比知识更重要，因为知识是有限的，而想象力概括着世界上的一切，推动着进步，并且是知识进化的源泉。严格地说，想象力是科学研究中的实在因素。

创新思维的本质在于将创新意识的感性愿望提升至理性层面并进行探索，实现创新活动由感性认识到理性思考的飞跃。

二、创新思维的特征

1. 概括性

概括性是思维最显著的特征，是人们形成或掌握概念的前提，是一切科学研究的出发点。

2. 问题性

思维在概念的形成与问题的解决中产生，指向于解决任务或问题。通常由 4 部分构成：发现问题（提出问题）、明确问题、提出假设和检验假设。

3. 新颖性

通过创新的思考，人们可以摆脱传统的束缚，跳脱常规的约束。可以从“挑剔”的角度，深入探索所学的知识，并且提出独特的见解及有效解决问题的方案。

4. 联想性

当面对特定的情境时，应该迅速地将思维推向更深层次的领域；当观察到一种现象时，应该立刻想到它的反面。这样做实际上是一种从一个角度出发，从表面到内在，从一个例子推到另一个，并将其融合在一起的思维方式。

5. 灵活性

通过深入的学习，可以打破定向、系统、规范、模式的框架，超越传统的教学方法和模式，并且能够根据实际情况灵活运用所学知识，解决实际问题。

6. 综合性

通过思考可以区分局部与全局、直接与间接、简单与复杂的关系，并将信息进行综合、分析、组织和重新处理，使抽象的概念变得更为实际，将复杂的事物变得更为简洁，从而获得更为完善的经验。

三、创新思维的类型

创新思维给人类带来新的、具有社会价值意义和价值的成果，是一个人智力水平高度发展的产物。创新思维与创造性活动密不可分，是多种思维的统一。

人类社会最大的特点就是能够不断创新，即构建想象共同体。对于个人而言，创新思维是一种习惯，尤其是在社会中，即使只是作为一个普通的工作者都应具备改变旧的、固有的思维习惯，建立新的思维习惯的能力。

创新思维有很多种，以下是几种常见的思维类型。

（一）发散思维

发散思维，也被称作求异思维、辐射思维、放射性思维或扩散思维，是一种采用不断探索、思考、分析、推理等形式的思维活动，它能够帮助人们从当前的环境中获取更多的知识，并将其转化成更有价值的思维模式，从而形成更加丰富的思维结构。通过寻找不同之处，这种思考方式可以发挥重大作用。

发散思维作为一种创新方法，被广泛用于科学研究、科技发明及企业的经营活动中。事实上，发散思维是创新思维的最主要特征，同时也是测定创造力的主要标志之一。发散思维是典型的、艺术化的思维，能促使人们提高对工作、生活和学习的激情，是兴趣的乐园、智慧的发源地。

发散思维具有流畅性、变通性、独特性、多感官性等特点。常见的发散思维的表现形式有平面思维、立体思维、逆向思维、横向思维、纵向思维和组合思维等。

1. 平面思维

平面一般包括点、线、面 3 个基本构成要素。平面思维是指人的各种思维线条在平面上聚散交错，核心是联系和想象；是线性思维向着纵横两个方向扩张的结果；更具有调阅性和广阔性。

2. 立体思维

立体思维是指跳出点、线、面的限制，从空间网络、时间网络和事物联系的网络到占领整个立体思维空间思考问题；具有纵向垂直、横向水平、交叉重叠的组合优势；扩大思维活动范围，拓展提高思维的各种可能性。

3. 逆向思维

逆向思维，又称求异思维，是一种对司空见惯的、似乎已经成定论的事物或观点反向思考的思维方式，可以帮助人们更好地理解和解决一些特殊的问题，人们可以通过反向思考，将已知条件转换为未知条件，从而使得问题变得更加简单、有效。通过逆向思维来解决问题，可以让人们从“出奇”中获得更多的知识，从而达到“制胜”的目的。这种方法的效果往往会让人大吃一惊、耳目一新。

逆向思维具有普遍性、批判性、新颖性等特点。常见的逆向思维的方法有怀疑法、对立互补法、悖论法、批判法、反事实法 5 种方法，具体方法如表 2-1-1 所示。

表 2-1-1　常见的逆向思维方法

序号	方法	具体解释
1	怀疑法	习惯性的事物不一定是对的，要勇于怀疑、善于怀疑，敢于打破常规思维，能够从反方向考虑问题的一种方法
2	对立互补法	思维的对立统一也就意味着人们在处理问题时，既要看到事物之间的差异，也要了解事物之间的互补性
3	悖论法	对于某个概念、假说要积极主动地从正反两方面思考，从而找出存在悖论的地方
4	批判法	用分辨、评判，剖析言论、行为，以发现客观事实，采用比较、分类、分析、综合、抽象和概括等思维技能为基础的一种辩证方法
5	反事实法	人类思维活动指向并不都是正在发生或将要发生的事情，这种方法是已经在心理上对事情进行否定的方法

4. 横向思维

横向思维是指突破问题的结构范围从其他领域的事物、事实中得到启示而产生新设想的思维方式，它不一定是有序的，同时也不能预测。具有这种思维方式的人，思维面都不会太窄，且善于举一反三。横向思维是通过明显的、不合逻辑的方式寻求解决问题的方法，主要作为对传统的批判和分析性思维方式的补充，具有激发新观念、完善构思、保持思维开放状态及进行改造等作用。横向思维的特征是寻找更多答案、更多方案等，但其欠缺一定的深度。

5. 纵向思维

纵向思维是指在一种结构范围内，按照有序的、可预测的、程序化的方向进行的思维形式。纵向思维是符合事物发展方向和人类认知习惯的思维方式。通常情况下，纵向思维方式遵循由低到高、由浅到深、由始到终等过程。从不同层面切入，突破性地、递进性地、渐变性地联系的过程。事物发展的过程性是纵向思维得以形成的客观基础，纵向思维在事物的萌芽、成长、壮大、发展和衰亡过程中可捕捉到事物的规律性，即对事物发展过程的反映，因而，纵向思维是对日常生活中的形势进行分析、研究的常用方法。

纵向思维具有 5 个特点：由轴线贯穿的思维进程；清晰的等级、层次、阶级性；良好的稳定性；目标性方向性明确；强烈的风格化特点。纵向思维与横向思维的比较如表 2–1–2 所示。

表 2-1-2　纵向思维与横向思维的比较

纵向思维	横向思维
深挖一个洞	尝试在别处挖不同的洞
一种选择	多种选择
寻找什么是对的	寻找什么是不同的
具有分析性	具有启发性
按部就班，一件事必须紧跟着另一件事	进行慎重的跳跃
注重关联，排除不相干因素	偶然性地介入
每个环节都必须正确无误并且沿着一个方向前进	允许出现错误并且探讨细微的可能性

6. 组合思维

组合思维又称连接思维或合向思维，是指把多项貌似不相关的事物通过想象加以连接从而使之变成不可分割的新整体的一种思考方式。组合思维具有创新性、广泛性、时代性和继承性等特点。常见的组合思维的形式有同类组合、异类组合、重组组合、共享与补代组合、概念组合和综合等 6 种组合形式。

（二）集中思维

集中思维，也被称为收敛思维、求同思维或聚合思维，是一种具有明确目标、明确思路、明确思路框架的思维模式，它可以帮助人们更好地发现问题，并且可以通过不断探索、实践来提升自身的思维能力。通过多种视角、多种来源的探索，提炼出一个新的观点，可以帮助人们更好地理解事物，并且更深入地挖掘它们的本质。例如，教师根据各种教学参考资料归纳出一种正确的结论传授给学生。在进行这种集中性思维时，往往需要把已提供的各种信息加以重新组织，然后找出最好的解决方案。

集中思维与思维定式完全不同。思维定式是被传统性和习惯性思路引向僵化、重复模拟、狭隘片面的惰性歧途；求同思维则要求既求真、求变、求新，又不唯“异”独尊、把求异当成一种追求。在创新活动中，通过发散思维提出种种假设，然后能使用求同思维挑出好的设想。发散思维体现了由此及彼和由表及里的思维过程，聚合思维体现了去粗取精和去伪存真的思维过程。

（三）联想思维

联想思维是一种不需任何限制的、具有广泛联想性的思考过程，它可以通过观察、推理、想象等多种手段来探索和理解世界。它建立在对客观现实的深刻理解和分析的基础上，可以帮助人们更好地把握世界的本质。幻想，特别是科学幻想，对于推动人类的创造力发挥着至关重要的作用。联想思维具有连续性、形象性和概括性的特征，其突出特征是悖逆性、挑战性、批判性。联想思维可以使人们扩展思路、升华认识、把握规律。常见的联想思维的类型有相似联想、对比联想、关系联想、接近联想 4 种。

（1）相似联想是指由一个事物联想到另一个与它在性质上接近或类同、近似的事物。比如，想到大海时会想到沙滩、想到海鸥、想到海豚、想到珊瑚礁、想到浮潜等。

（2）对比联想是指由一个事物联想到与其具有相反特点或特征的另一事物。比如，黑夜和白昼、夏天的酷热与冬天的严寒。

（3）接近联想是指由一事物联想到在时间或空间上接近的另一事物。看到学生想到教室、老师、桌椅、粉笔、课本等相关事物。

（4）关系联想是指由事物所具有的各种关系而形成的联想思维。

（四）综合思维

综合思维又称复合性思维，是把某一事物的某些要素分离出来，组建到另一事物或事物的某些要素上的创造性思维过程。综合思维是掌握系统、整体及其结构层次上的综合，有若干层次的、全局的认识水平。综合思维中的分析是综合的分析，是以综合为认识起点并以综合为认识归宿的，是“综合—综合分析—新的综合”的思维过程。这种“由综合而综合”的思维方式体现了对已有智能、知识的交杂和升华，绝不是简单的相加或拼凑。比如“瞎子背瘸子”就是典型的综合思维，二人充分发挥优势，形成优势互补，从而达到不仅可以看见，还可以行动的目的。

（五）逻辑思维

逻辑思维常称为“抽象思维”，是符合某种人为制定的思维规则和思维形式的思维方式。逻辑思维是确定的、前后一致的、有条理和根据的，不是自相矛盾的。逻辑思维一般会用到概念、判断、推理等思维形式和比较、分析、综合、抽象、概括等方法，而掌握和运用相关形式与方法的程度形成了逻辑思维能力。逻辑思维具有规范、严密、确定和可重复的特点。常见的思维类型有经验型和理论型两种，其中经验型常局限于经验，思维水平较低；理论型以理论为依据，运用科学的概念、原理等方式进行判断推理，思维水平较高。

（六）灵感思维

灵感思维是指在事物的接触及思考中，因受到某种启发而产生的创新思维方式，是文学艺术和科学研究中经常出现和运用的一种创新思维方式。灵感思维是一个过程，是灵感的产生过程，不是一种简单的逻辑或非逻辑思维的活动，而是逻辑思维与非逻辑思维相统一的理性思维过程。灵感思维具有转瞬即逝的偶发性、突发性和模糊性等特点，因此需要抓住稍纵即逝的灵感思维以促成新事物的应运而生或疑难问题的解决。常见的灵感思维有：自发灵感、诱发灵感、触发灵感和迸发灵感 4 类。灵感思维的方法有：久思而至、触类旁通、见微知著、梦中惊成、自由遐想、急中生智、另辟新径、原型启示、豁然开朗、巧遇新迹等。

（1）久思而至是思维主体在长期思考但始终没有进展的情况下，无意中找到答案或线索，完成久思未解的研究项目。

（2）触类旁通是人们偶然从其他领域的既有事实中受到启发，进行类比、联想、辩证、升华而获得成功，这往往需要思维主体具有更深刻的洞察能力，能把表面上看起来完全不相干的两件事联系起来，进行内在功能或机制上的类比。即所谓“他山之石，可以攻玉”。

（3）见微知著是从别人觉得稀奇的平常小事上，敏锐地发现新事物的苗头并且深挖下去直到做出一定创新为止。见微知著须独具慧眼和敏捷的思维。

第二节　创新思维的培养

一、影响创新思维的因素

创新活动的主体是人，现实生活中每个人都生活在集体中，与周围环境有着密切联系。创新思维环境与一般的环境不同，影响人进行创新思维和创新活动过程的一切外部条件都是创新思维环境，如家庭环境、学校环境、工作环境、社会生产力、政治环境和国际环境等。另外，创新思维环境还包括进行创新活动的人对自我创新的部环境。

思维定式是人类心理活动的普遍现象，然而思维定式是创新思维最大的敌人。创新本身并不复杂，然而很多人还是很难创新。据统计，5 岁儿童中有创造性的人高达 90 %；对 20～45 岁的成人进行测试，结果只有 5 % 的人合格，说明人的创造性随着年龄的增加而降低。

从客观上看，影响创新思维的因素有：思维定式、线性思维、惰性思维、群体思维等。

（一）惯性思维

惯性思维，也被称为思维定式，是一种特定的心理准备状态，它可以影响个体的行为，并且与个体的世界观有着密切的关系。它受到社会、阶段和知识经验的限制，但仍然可以在某种程度上影响个体的行为，这种模式阻碍了人们的创造力。举个简单的例子，当我们观察到两张照片，其中一张显示人物外表优美、气质高贵，而另一张则显示人物外表丑陋、肤浅无知，当我们问及其中哪个人被列为全国通缉的罪犯时，很多人都会把目光投向第二张照片。根据大脑皮层的活动，定式的影响可被视为一种习惯性的神经联系，它可以在一定范围内指引下次的思考。因此，如果两次思考的内容相似，那么它就可能会产生一种正向的引导效果；但如果两次思考的内容不一致，那么它就可能产生一种负向的引导效果。研究表明，思维定式对解决问题有着极大的不利影响。当一个问题的条件发生变化时，思维定式会使人们陷入固定思维模式，无法发挥新的思维，也无法作出新的决策，从而导致知识和经验的消耗。

【教学案例】

迈克博士进行了一项令人震惊的实验：当他将两根绳索悬挂在天花板上，而它们的长度比人的双臂还要长，即使他的双手同时抓住其中一根，仍然无法将其拉回原点。当面对这种困难时，他提出让两个人绑定两条绳索，他在距离绳索不远的位置安装了一个滑轮，希望能够为绑索者提供帮助。但是，虽然绑索者已经注意到了这个滑轮，但他们并未料到它的作用，也未能预料到它会对自身的行为产生影响，最终导致他们未能完成任务并解决问题。其实，这个问题可以很简单。如果绑索者将滑轮系到一根绳子的末端，用力使有滑轮的绳子荡起来，然后抓住另一根绳子的末端，待滑轮荡到他面前时抓住它，就能把两根绳子系到一起，问题就解决了。

（二）线性思维

线性思维即线性思维方式，是把认识停留在对事物表面的抽象而不是本质的抽象，并以这样的抽象为认识出发点的、片面、直线、直观的思维方式；是一种直线的、单向的、单维的、缺乏变化的思维方式。非线性思维则是相互连接的、非平面、立体化、无中心、无边缘的间状结构，类似人的大脑神经和血管组织。线性思维如传统的写作和阅读，受稿纸和书本的空间影响，必须以时空和逻辑顺序进行。

线性思维方式有两个基本特点。

（1）把多元问题变为一元问题。事物之间的复杂联系往往是多元的，线性思维模式要求把其中一个问题突出，把其余问题撇开，不加处理。

（2）用一维直线思维来处理一元问题，使之得到非此即彼的答案。在漆黑的夜晚，一辆老爷车抛锚。车主初步判断油烧光了，便下车检查油箱。没有手电筒就顺手掏出打火机照亮，结果“轰”的一声巨响。事后，他躺在病床上自悔引火烧身：“当时只想借打火机的光，看看油箱里还有多少油，根本不承想打火机的火会引爆油箱。”这是典型的由线性思维惹的祸。

线性思维虽然是高等生物理解事物的基本原则，但它也可以成为一种负担。当人们踏入智慧的大门时，往往会陷入其中。即使人们从简单地以黑白对立的观点来看待问题到融合了灰色思维，仍未能摆脱线性思维的束缚。解放出来的不仅仅是一道挑战，更是一种智慧。改变一种旧的习俗，需要的不仅仅是勇气、坚持，更需要一种涅盘般的精神。

（三）惰性思维

惰性思维是指人类思维深处存在的一种保守的力量，总是习惯用老眼光来看新问题，用曾经被反复证明有效的旧概念去解释变化世界的新现象。惰性思维普遍存在于现实生活中。比如，当碰到某件事的时候，人们习惯于想当然地以为它就应该是某个样子，或者是就应该朝着某个方向发展，还总会以此为借口，去拖延进一步思考。

创新通常由很多问题构成，并且是一个不断发现问题与解决问题的过程。惰性思维可分为两种：一种是缺少积极主动的思维意识；一种是缺少积极主动的思维心态。无论是提出一个好的创意，或是发现问题都需要有创新的意识和积极主动的心态。一个思维懒惰者，可以被动应付解决问题，却不可能主动地去发现一些新问题，所以最多只能麻木地做事，像工业机器人一样，只懂得按照某个指令做事，而不能积极地成事。事实上，思维、思想的懒惰要远比肉体的懒惰更为可怕。肉体的懒惰者充其量就是个懒人，而思想、思维的懒惰者却会成为一个不折不扣的庸人、废人。在当今社会，人们更应克服惰性思维，积极应对社会的巨大变化。

例如爱迪生发明灯泡的故事。经过几千次的反复测试，他的积极思维能力得到了充分的体现，因此，他能够持续探索新的挑战，深入研究新的理论，提出更加完善的解决方案，并将其应用于实际，一次次地检验和验证，最终使得他获得了巨大的成功。

（四）群体思维

群体思维意味着，当某个群体的决策受到外界的影响，其中的每个人都会更加谨慎，以确保其结果的正确性，而一些人的观点可能会受到影响，因而导致偏见，从而影响决策的结果。

群体思维是群体决策中的一种现象，是群体决策研究文献中一个非常普遍的概念。当人们寻求一致的需要超过了合理评价备选方案、个人观点和想法时，容易产生群体思维。事实上群体思维是伤害许多群体的一种疾病，它会严重损害群体利益。具有群体思维的团队可能被认为是一个具有权威性、言论自由、乐于分享观点的团队，然而，大多数人可能会反对这一观点，因此，在这样的环境中，所作出的群体决定可能会显得毫无道理，甚至会导致失败。如果一个组织忽视了批判性思考，以及缺乏建设性观点，那么它将无法避免地陷入群体思维。为了避免这种情况，一种有效的方式是让一位成员独立地审视其他人的观点，并且给予具有建设性的批判性反馈。通过采用这种方式，可以确保在进行集体决策时，所有参与者都能够保持冷静、客观、明确的思维。

二、创新思维的培养

（一）逆向思维训练

逆向思维也叫反向思维、反转思维，是指从事物的反面去思考问题的思维方法，其特点是改变惯常的思维方式，从相反的方面来认识事物、思考问题。由于这种思维突破了人们考虑问题的思维方式，因而往往能够获得惯常思维所不能取得的成效。这种方法常常使问题获得创造性的解决。创新，有时候不是突如其来的天才想法，而是正确思维方法的必然结果。常用的逆向思维训练方法如下。

（1）结构逆向。比如，手机都是正向显示的。如果把画面翻转过来呢？这样把手机放在汽车仪表盘上，导航软件的画面反射到前挡风玻璃上，就成了正面，那样你就不必低头看手机了。

（2）功能逆向。比如保温瓶的功能是保热，使用逆向思维思考后——它是不是可以保冷呢？于是就有了冰桶。空调的目的是制冷，能不能同时制热呢？空调制冷的原理是通过把热量从房间交换到室外去的方法制冷，如果把空调交换出去的热量输出到厨房就可以形成家用热水系统。

（3）状态逆向。比如，人走楼梯，是人动楼梯不动，如果把这个状态反转，人不动，楼梯动，于是就有了自动扶梯。

（4）原理逆向。电动吹风机的原理是用电制造空气的流动，方向是吹向物体，逆向利用这个原理，空气还是流动，但是方向相反，于是电动吸尘器诞生。

（5）序位逆向。序位逆向，就是顺序和位置逆向。比如在动物园，是把动物关在笼子里，人走动观看。如果把这个状态反过来呢？人关在笼子里，动物满地走。于是就有了开车游览的野生动物园。

（6）方法逆向。古代司马光砸缸救人也说明了逆向思维的作用。通常从大水缸里取物、救人只可由缸口打捞，或者将水缸放倒，而不损坏水缸。当时司马光年纪小，不可能采取以上两种办法，便急中生智，运用逆向思维，砸缸救出小伙伴。青岛牌啤酒在进入美国市场时主要做了两件事情，一是出资请美国广告商通过报纸、电视、电台等新闻媒体进行广告宣传，再是让美国大饭店接受这种啤酒，以扩大影响。后一件事做起来并不容易，美国大饭店不会轻易进购这种啤酒。啤酒推销商看到这一点，便没有登门推销，而采取相反做法，变卖为买。他们出资在纽约多家大饭店举办宴会，宴请社会名流。每到大饭店，便指名要青岛牌啤酒，如果没有，就以缺少这种酒宴会不够档次为由取消宴会。这样，青岛啤酒不仅受到纽约许多大饭店的重视，登上了高档宴席，而且逐渐在美国啤酒市场站稳脚跟。以买促卖的做法无疑是逆向思维的创新成果。

（二）批判性思维训练

1998 年，联合国教科文组织把“培养批判性和独立态度”视为高等教育培训和从事研究的使命之一。美国教育委员会认为，大学本科教育的最重要的目的就是培养学生的批判性思维能力。批判性思维能够带来工作和生活中的创新，有助于发现问题、构想解决方案、全面思考、改变和调整、培养自身的创造力，形成公共说理的理性社会。

1. 常见的批判性思维训练方法

（1）发现和质疑基础假设，是批判性思维的基础。“我家八代祖传最正宗的川菜，如果到美国开餐厅的话，我就有机会击败那些不地道的川菜。”发现这句话的问题了吗？其实这句话有个隐藏的基础假设，“人们喜欢正宗的东西”。难道人们不喜欢正宗的东西吗？不一定。有些所谓的“不正宗”，是为当地人饮食习惯做的定制和优化。所谓的“正宗”，有些仅仅是某一地区、某些人的饮食习惯而已，与好吃不好吃无关。

（2）检查事实的准确性和逻辑一致性。

（3）关注特殊背景和具体情况。马赛是一个一夫多妻制的族群，男人可以娶上百个老婆。父亲死了，除了亲生母亲，儿子甚至可以继承父亲所有妻子。于是很多人半开玩笑地说："我也要做马赛人。"难道事情就这么简单吗？马赛男人有个特殊的"成人礼"仪式：独自杀死一头狮子。可知，大部分马赛男人都被狮子吃了，侥幸活下来的，可用三头牛换个妻子，无限开枝散叶。这就是特殊背景和具体情况。

（4）寻找其他可能性。

2. 批判性思维的应用方法

批判性思维指的是熟练地和公正地评价证据的质量，检测错误、虚假、篡改、伪装和偏见的能力，能帮人们尽可能地获得最准确的认知，接近真相。

批判性思维的应用方法很多，常见的典型案例有：忒修斯之船，应用要点是理解论证所涉及的论题、关键概念、立场和观点；庄子"辩无胜"，应用要点是辨别和分析论证的论点、主要理由及其逻辑关系，图解论证结构；美诺悖论，应用要点是能否定义论证中的关键词，澄清主要论题的精确含义；斯多亚派推理，应用要点是评估前提和理由的真实性或可接受性；苏格拉底劝男人结婚，应用要点是评价推理关系，审视它们的相关性和有效性；粒子玩笑，应用要点是挖掘隐含假设，挖掘和拷问论证中隐含的前提、假设、含义和后果；帕斯卡打赌反驳无效的论证及其谬误，应用要点是追寻真理，建构替代论证，得出一个更全面和更合适的结论。

【案例分析】忒修斯之船

据记载，忒修斯被誉为雅典的传奇英雄，他曾带领众多勇士乘船前往克里特岛，以利剑击败米诺陶，拯救了许多被掳走的儿童。后来，为了缅怀这位勇士，当地居民不断修复和保养这艘古老的船只，以此来纪念这位伟大的英雄。随着岁月的推移，这艘古老的忒修斯之船变得越发陈旧，人们不断地改装它的甲板，甚至把所有的组成部分都替换掉了。然而，即使这样，这艘古老的忒修斯之船仍然是原有的样子吗？

批判性思维解析如下。

首先，忒修斯之船的悖谬之处如下。

①如果只有少量的构件被更换，那么这艘船仍然保持原样。然而，②如果所有构件都被更换，那么它就不再是原来的了。根据①，可以确定，即使只更换一个构件，这艘船也会保持原样，直到最后一次更换时为止。②结果表明，在最后一次更换时，所有构件都被替换，使得这艘船完全不同于原来的样子。

也就是说，出现了一个矛盾：被更换了全部构件的那艘船既是原来那艘船，又不是原来那艘船。这个命题在质疑和挑战什么？它挑战的是个体的同一性，特别是个体跨时间和跨空间的同一性。我们每一个人都在成长，那我是谁？什么东西构成我之为我、你之为你？什么东西构成我的同一性？标准是什么？

德国 17 世纪的哲学家、社会学家、逻辑学家戈特弗里德·威廉·莱布尼茨(Gottfried Wilhelm Leibniz) 回答了这个问题。关于同一性，他提出了两个原则：

①同一不可分辨原则。如果 X 和 Y 是同一个个体，那么 X 具有什么性质，Y 就具有什么性质。

②不可分辨者的同一。如果 X 和 Y，它们具有完全一样的性质，没有任何性质能够把它们区别开来，那么 X 和 Y 实际上是同一个体。

忒修斯之船在逐渐更换的过程当中，就体现了这两个原则。如果一次只换一块构件，人们认为它还是那艘船，因为差别不大。而延伸思考，当没有感知到事物差别的时候，是否就真的没有差别？

结论：人们要理解一个例证、一个论证、一段话语，究竟在说什么，它背后的声音是什么。要深入地思考，有的时候不是那么容易的。别人发现真理后，把这些真理学会，然后去应用这个真理，这是最典型的非批判性思维。

（三）正向思维训练

正向思维是从因到果的思维，从已知预测未知的能力。踢一脚足球，预测它会飞掉；按下开关，预测灯会关掉。擅长正向思维的人，都是“因果逻辑收集者”，平常在大脑中收集、整理、存放了大量的因果逻辑，以备随时调用。

破案，看上去像是在进行一个逆向思维，由果到因，但其实在侦探脑海中，快速发生着成千上万个正向思维，无数的由因到果。这些因果逻辑的数量和质量直接决定着破案能力。

正向思维训练的常见方法有以下两种。

1. 做一个“因果逻辑收集者”

看到有人愿意买1000万的车，却不愿买50元的矿泉水，就收集一个叫“心理账户”的因果逻辑，放在人性区；看到太多管理错位的问题，就收集一个叫“责权利心法”的因果逻辑，放在管理区。

2. 多读侦探小说，多读科幻小说

收集了大量因果逻辑后，调用这些因果逻辑依靠归因和预测两种方法。正向思维回忆过去就是归因；正向思维期待未来就是预测。要训练归因和预测的能力，可以多读侦探小说，多读科幻小说。

侦探小说可以训练人的归因能力。福尔摩斯第一次见到华生时说：“你从阿富汗来？”华生大吃一惊：“你怎么知道？”福尔摩斯是这么回答的：“由于长久以来的习惯，一系列的思索飞一样地掠过我的脑际，因此在我得出结论时，竟未觉察得出结论所经的步骤。但是，这中间是有着一定的步骤的。”[①] 福尔摩斯说的这个“步骤”就是“归因”。阅读科幻小说，可以训练人的预测能力。

（四）全局之眼的思维训练

世界上的所有东西，都是以一种叫作“系统”的方式存在着。要素是系统中看得见的东西；关系是系统中看不见的、要素之间相互作用的规律。看到要素还要看到要素之间的关系，更要看到这些关系背后的规律，就叫作“全局之眼”。

企业家知道旺铺的重要。可是，旺铺为什么重要？是因为更好的地段带来了更多的人流。所以，人流其实才是“旺”和“铺”这两个要素之间的关系，是这关系背后的规律。把这个规律推演到整个系统中，哪里人流多，哪里就会旺。于是，早期的PC电商，后来的移动电商／微商、社群经济，现在的网红，未来的移动直播、虚拟现实（VR），就都可以理解了。理解了关系和关系背后的规律，不但能在复杂的系统中理解现在，甚至可以在一定程度上预测未来。所有的战略，都是站在未来的角度看今天。

要从系统论的角度学习用关联的、整体的、动态的方法看待问题，提升从全局性看问题的能力。

① 王建伟，陈晓峰．数据领袖[M]．北京：中国经济出版社，2017:104.

1. 关联之眼

事物之间都不是孤立存在的，它们彼此之间相互作用，这就叫作关联性。

首先要练习用关联之眼看清事物。比如，“旺”和“铺”之间是什么关系？引爆点和网络效应之间是什么关系？企业文化和人性之间是什么关系？个体理性与群体感性之间是什么关系？

2. 整体之眼

要素，加上若干要素之间的关联，构成了系统，并形成“输入—黑盒—输出”。这个黑盒子内部就是在用人们理解或者不理解的方式精密运作。拥有全局之眼，需练习用整体之眼看透黑盒。比如，货币政策会如何刺激本国经济？引入风险投资会如何刺激公司的创新意识？价格策略会如何影响消费者购买冲动？

3. 动态之眼

一个系统的要素和要素之间的关联不是恒久不变的，增加时间的变量后就可以看见不同的场景。拥有全局之眼，需要练习用动态之眼看穿时间。比如，5 年之后的人类的生活方式是怎样的？今天最强大的公司还会强大多久？你今天看到的结果是今天的行为导致的吗？你学习今天的苹果还是 30 年前的微软？

在商业环境变化不快的时候，思维容易懒惰，在一些人的脑海中，复杂、多维的系统论，会退化为简单、单向的因果论：你只要做好这个，就可以得到那个。甚至在一些人的脑海中，因果论会进一步退化为经验论：人家就是这么做的，成功了，我也要这么做。甚至经验论会继续退化为“乱拳论”：我什么都不信，我只相信我通过尝试、犯错得来的教训。

乱拳论会让人在不必要的地方失败；经验论会让小马不敢过河；因果论会让人忽视世界的复杂性。越是身处高速变化的世界之中，经验越容易失效，万物归本；越是要训练系统性思维，拥有全局之眼。

（五）分析列举式思维训练

1. 系统设问法

系统设问法针对事物的某方面问题，系统地列举出问题，然后逐一研究讨论，多方面进行扩展，促使人们萌生多种新的设想。举例如下。

(1) 转化。有无其他用途？有无新的使用方式？如何改进已知的使用方式？

(2) 借用。能否借用别的经验？有无与过去相似的东西？能否模仿点什么？

(3) 改变。能否作出某些改变？可否通过旋转、弯曲、扭转、回转的办法加以改变？功能颜色、运行、味道、形式、轮廓可否改变？有无其他可能的改变？

(4) 放大。能否增加什么？时间、频率、强度、质量、尺寸、附加价值、材料能否增加？

(5) 缩小。能否减少什么？再小点？浓缩—微型化？再低些？再短些？再轻些？省略？

(6) 代替。能否取而代之？其他材料？其他成分？其他配置？其他方法？

(7) 调整。可否调整顺序、排列、速度、条件、模式、配置？调整为其他的型号？其他设计方案？其他程序？其他工作状态？可否调换原因与效果？

(8) 颠倒。反向有何作用？颠倒方位？可否调换相对组件位置？可否前后颠倒？可否上下颠倒？

(9) 组合。在这件物品上可加上别的东西吗？可否推出混合物、新品种、新配套？可否把零件、部件、连接件重新组合？目的能否组合？重要特征能否组合？创造设想能否综合？

2. 形态分析法

形态分析法是一种系统搜索和程序化求解的创新技法。因素和形态是形态分析中的两个基本概念。

因素是一个概念，它描述了一个物体的特征。比如说，一个工业产品的因素通常包括它的特定用途或功能。这些因素的表现形式通常包括“时间控制”的表现形态：手动控制、机械定时器控制和电脑控制。

形态分析是对创造对象进行因素分解和形态综合的过程。在这一过程中，发散思维和收敛思维起着重要的作用。因素分析就是要确定研究对象的基本构成因素。分析时，要使各因素满足 3 个要求，分别是：在逻辑上彼此独立；在本质上是重要的；在数量上是全面的。

3. 列举法

常见的列举法有：属性列举法、缺点列举法和希望点列举法。

(1) 克劳福德的属性列举法，又称特征列举法，是一种有效的数学工具，可以帮助人们更好地理解和描述复杂的数学问题，从而更有效地实现设计的目的。

通过使用属性列举法，人们可以从多个角度来识别和描述研究对象，包括列出每个特征、进行分析和构建模型，以便更好地理解和描述它们。

分析特征是从需要出发对列出的特征进行分析、抽象化并与其他物品进行对比，寻求功能与特征的替代，用替代的方法对原特征进行改造，在分析时尤其应抓住动词性特征。提出设想是应用综合原理将原特征与新特征进行综合，提出新设想。当选择研究对象时，应该非常明确，如果要研究的是产品，那么应该针对特定的类型的产品；如果要研究的是问题，那么应该针对特定的类型的问题，如果采取的是抽象的方式，那么可能无法获得期望的结果。选择的研究课题应该尽量简单，而且要尽可能地把更加复杂的事情分解成更小的单元，并采取更精细的属性列举方式，以便更好地完成研究。

（2）缺点列举法。该方法是通过列举缺点来揭示问题进行创新的方法。缺点列举法是直接从人们的需要出发，强调问题，从而激励人们去革新和创造。

（3）希望点列举法。该方法是通过列举研究对象被希望的特征而进行创新。列举的希望点应与人们的需求或对美好生活的向往有关并且符合市场的需求。

（六）思维导图训练

思维导图又称脑图、心智地图、脑力激荡图、灵感触发图、概念地图、树状图、树枝图或思维地图，是表达发散性思维的有效的图形思维工具，也是一种利用图像进行思考的辅助工具。

思维导图是一种革命性的思维工具，它通过一个核心概念或想法，将复杂的概念、任务、事件或其他相关内容以图表的形式表达出来，从而帮助人们更好地理解和掌握知识。它既简单易懂，又能够帮助人们更好地理解和掌握知识，从而提高学习效率。通过使用图文并茂的方式，思维导图可以将不同主题的关系以相互隶属和相关的层次以图形的形式呈现出来，帮助人们将关键词与图像、颜色等联系起来，以便更好地理解和记忆。思维导图可以有效地激发人类的左右脑，帮助人们在科学和艺术、逻辑和想象之间取得平衡，从而激发出人类大脑的无穷潜力。因此，思维导图可以帮助人们培养出出色的思考能力。

通过使用思维导图，能够更好地理解和应用放射性思考。这种思维方式源于人类大脑的自然过程，它把所有的信息，无论是感官刺激、记忆、想法，还是其他因素，如文字、数据、符号、味道、食物、线条、颜色、形象、节奏和音乐，都作为一个思考的核心，通过这个核心，人们能够构建出许多相互联系的关系，从而更好地理解和应用所学的内容。随着时间的推移，无穷无尽的关节被释放，形成了一种具有放射性的立体结构，它们之间的联系被看作是一种记忆，即一份个人的档案。

20 世纪 80 年代，思维导图开始在我国流行起来，它的出现为“学习困难”的学习者带来了极大的便利，而后来，它也开始在企业培训领域中得到广泛应用，以提高个体和企业的学习效率和创新思维能力。过去几十年来，尽管学科教学取得了长足的进步，但仍未能得到普遍的应用。思维可视化教学体系创建者刘濯源率领的思维可视化研究小组在实践中发现，思维导图无法有效地应用于学科教学，原因在于思维导图更多地关注图像记忆和自由发散联想，而忽略了理解性记忆和结构化思考。图像记忆虽然有助于提升“把知识记住”的效果，但它并不能有效地激发学生的抽象思维，也不能有效地帮助他们更好地理解所学内容，只是一种表面上的学习方式，而不是真正有意义的学习。“自由发散联想”拥有无限的可能性，可以让人们自由发挥，不会受到限制，这使它非常适合用于“头脑风暴”这样的创新活动，但却不能应用于传统的学术课堂，因为每一门学科都有自己的规律和结构，无法被随心所欲地推断。根据学科的特点，理解性记忆和结构化思考是重点，但是，当学习的深度增加，知识变得更加抽象和复杂时，“理解的深度”将会成为重点，而“记住的速度”则可能会被忽视。基于这些原因，思维可视化研究团队将概念图、知识树、问题树等图示方法的优势特性有机地结合起来，并将结构化思考、逻辑思考、辩证思考、追问意识等思维方式有机地融入其中，从而使“思维导图”变成“学科思维导图”，从而更好地理解和解决问题。

常见的思维导图软件有如下几种。

1. MindMaster 思维导图软件

MindMaster 是一款具有强大功能的跨平台思维导图应用，它支持 Windows、Mac 以及 Linux 三种操作环境，拥有智能化的布局、丰富多彩的幻灯片展示、精致的设计元素、灵活定制的主题样式、逼真的手绘效果以及独一无二的甘特图视角。

2. 亿图图示思维导图软件

亿图图示是一款强大的图形图表设计软件，能够轻松实现各种复杂的图像处理，包括流程图、组织架构图、网络图、商业展示图、建筑平面图、思维导图、科学插图、时尚设计、UML 图、工作流程图、程序架构图、网页设计图、电气工程图、方位图、数据库图表等。

3. MindManager 思维导图软件

MindManager 是一个强大的工具，它可以帮助更有效地组织思考、资源和项目，它具有直观、友好的用户界面及丰富的功能，使得创造、管理和交流思想变得更加容易。MindManager 是一款功能强大的项目管理软件，它可以有效地激发团队的活力，促进团队成员之间的协作，并且可以从脑图中抽取出多种相关的思路和信息，有助于有效地管理组织资源。

MindManager 的独特之处在于，它能够与 Microsoft 等其他软件实现无缝的集成，从而可以迅速地将数据导入、导出至 Microsoft Word、PowerPoint、Excel、Outlook、Project 及 Visio 等文档。

4. Xmind 思维导图软件

XMind 是一款功能强大的工具，它能够帮助人们快速梳理思维，并且能够创建出各种结构化的图表，如思维导图、鱼骨图、二维图、树形图、逻辑图、组织结构图等，从而让人们的思维更加清晰、有条理。使用 XMind 绘制图形能够让人们更加清晰地思考，更好地掌控计划和任务的整体情况，从而大大地提升学习和工作的效率。

5. iMindMap 思维导图软件

iMindMap 提供了一个充满想象力的空间，可以用来完成复杂的任务，比如记录笔记、制定计划、安排活动、创建和展示。它不仅可以帮助节省宝贵的时间，还可以为工作增添新的灵感。

6. FreeMind 思维导图软件

FreeMind 是一款具有多种功能的自由软件，它采用 Java 语言，支持多种平台，并且遵循 GPL（GNU 通用公共许可协议）协议。它能够帮助人们创建有效的思维导图，并且能够支持多种功能，如笔记、脑图记录、脑力激荡等。FreeMind 具有许多令人兴奋的特性，例如可扩展的界面、快速的一键切换、快速记忆思考、多种可用的定制格式及多种快捷按钮。然而，它并不支持多个思考模块的同步切换（有些人认为这是它的优势，可以使用户专注于当前的任务），而且许多中文输入法也难以使用 FreeMind 来启动或者运行。

7.MindMapper 思维导图软件

MindMapper 是一款功能强大的可视化思维导图应用，它可以有效地帮助人们梳理出复杂的、有序的思考过程，从而使您的思考更加有序、有效，更容易达到深度的理解，从而达到更好的效果。

8.NovaMind 思维导图软件

NovaMind 是一款卓越的思维导图工具，能够将 PPT 与思维导图完美结合，提供出色的展示效果。虽然在 Windows 系统下，NovaMind 的使用率较低，但在苹果系统上，它可谓无可挑剔。

9.百度脑图

百度脑图是一款强大的在线思维导图编辑工具，它不仅支持 XMind、FreeMind 等常见的格式，还可以将 PNG、SVG 等高质量的图片转换为可供大家共享的格式，从而极大地提升了工作效率。

【案例】《德波诺思维训练》柯尔特课程目录

CORT1：拓宽

第 1 课：全面评估观点，包括积极、消极和有趣的方面，而不仅仅局限于接受或拒绝。

第 2 课：综合考虑各种可能性，以便更好地理解和处理问题，而不仅仅局限于最直接的因素。

第 3 课：将学习基本的目标和相关原则，并对这两课进行总结。

第 4 课：将学习如何获得直接、近期、中期和长期的结果。

第 5 课：学习如何确定自己的目标，并了解其他人的目标。

第 6 课：计划，深入探讨计划的基本原理及其相关步骤，并将其与前两课的内容进行综合比较。

第 7 课：优先权，根据优先级的不同，选择最佳的解决方案。

第 8 课：将探索新的方案和选择，而不是局限于原有的方案。

第 9 课：将探究不同的方法，并总结前两课的主要内容。

第 10 课：将探究他人的观点。放下自我的偏见，全面考虑其他人对此事的看法。

CORT2：组织

第 1 课：识别，通过有意识的观察和分析，可以更好地理解和处理问题。

第 2 课：分析，通过两种不同的方法，可以有目的地将问题分解，以便更有效地思考。

第 3 课：对比，通过对比，可以更好地理解问题。

第 4 课：将仔细比较相似之处和不同之处。将有意识地寻找符合要求的答案，并在各种可能性中进行选择。

第 5 课：将探索其他方法来解决问题。

第 6 课：将开始思考实际情况。第一步应该是组织，以便有效地解决当前的问题。

第 7 课：分析当前的情况，并从多个角度进行思考，以便找出最佳的解决方案。

第 8 课：集中。考虑情况的不同方面，清楚当前所考虑的方面。

第 9 课：巩固。目前取得了什么进展，总结哪些已经做了，哪些还没有做。

第 10 课：结论。得出一定的结论，即使最后得出的是没有可行性的结论也行。

CORT3：交互

第 1 课：同时考虑双方。在辩论中同时考虑两方面，而不是盲目地支持一方。

第 2 课：证据的类型。辩论中提出的证据的类型。区分事实和观点。

第 3 课：证据的价值。训练评定证据的价值。并不是每个证据的作用都是相同的。

第 4 课：证据的结构。检查证据是否独立，是否依赖于另一证据，另一证据是否又依赖于其他证据，等等。

第 5 课：同意，不同意，不相关。增加支持观点的证据，去掉不支持观点的证据。

第 6 课：保持正确 1。有两种保持正确的方法。①检查观点本身，它的应用和效果。②参照事实、权威和感觉。

第 7 课：要做到正确 2，需要采取两种不同的措施。①正确使用名称、标签以及分类。②准确判断，并且要运用恰当的评价词。

第 8 课：避免过度推理，不要偏激或者过于绝对化，而是要谨慎对待。

第 9 课：将讨论两种常见的错误——误解和偏见。

第 10 课：将进行总结，探讨在辩论过程中，如何避免出现 7 种可能的结果，以及如何提高判断力。

CORT4：创造力

第 1 课：正确，错误和 PO。“PO”旨在探讨如何在不经过任何评估或分析的情况下提出具有创新性的观点。

第 2 课：手段。如何运用这些观点来提升自己的思考能力，并从中获取新的见解。

第 3 课：随意地输入信息。那些输入的无关的谬误会使情况发生改变。

第 4 课：概念质疑。“唯一性”的概念质疑可以帮助人们更好地理解和处理问题，而不是被错误的想法所左右。

第 5 课：支配性观点。支配性观点可以帮助人们更好地思考和解决问题，而不是被它们所束缚。只有摆脱这些观点，人们才能真正拥有创造性。

第 6 课：明确问题的定义，以便更有效地解决问题。

第 7 课：深入挖掘、发现和消除谬论，以便更好地理解和解决问题。

第 8 课：联合。通过考虑表面上没有联系的观点的性质，可以用融合或者结合的方式来创造新观点。

第 9 课：要求。理解要求可以对创造性的观点产生影响。

第 10 课：评价。某个观点完全满足要求吗？它有哪些优点和不足？

CORT5：信息与情感

第 1 课：信息。将对信息进行分析，评估其完整性，并思考可能会遗漏哪些重要信息。

第 2 课：问题。将学习如何有效地运用问题，包括开放式问题和封闭式问题。

第 3 课：线索。将探究线索、推论和暗示。通过对给定信息的深入分析，将两种线索有机地结合起来，

第 4 课：矛盾，即错误的判断、结论以及其他不当的信息使用方式。

第 5 课：猜测，即在信息不足的情况下，运用有效的猜测，以达到更好的效果。

第 6 课：信任，可靠性。人们如何衡量所获得的信息，包括证据、可靠性、信任、共识、权威、媒体报道、新闻报道等。

第 7 课：已有的观点，它们通常被用来取代个人的想法，比如陈腐的说法、偏见和大众的看法。

第 8 课：情绪和自我。情绪对思考的影响。通常的情绪和利己主义（必须正确、试图扮滑稽、要面子等）。

第 9 课：价值。价值决定着思考和最后结果的可行性。正确地评价价值而不要试图改变它。

第 10 课：简化和清晰化。最后归结为哪一点？情况是什么？思考的是什么？

CORT6：行动

第 1 课：目标。聚焦于一件事，并以此为核心，仔细思考如何更有效地完成第一件任务。

第 2 课：扩展。拓宽视野，从“思考目标”的内容出发，加强对其深入、广泛及多元化的理解。

第 3 课：浓缩。“开放性思考”，第三步则是将其转化为更加实际、有效的内容，包括关键词、摘要、结论和选项。

第 4 课：TEC——目标—扩展—浓缩（target-exp-and-contrct），以达到最佳效果。通过依次运用前述的三种工具，能够有效地设定明确的目标，深入思考，最终得出有效的结果。

第 5 课：目的。明确思考的具体意图，以及在何时何地采取行动，以达成最佳结果。

第 6 课：输入。探究所需要考虑的环境、资料、条件及参与者。

第 7 课：解答。需要全面考虑各种可能的情况。可以提出多个可能的解决方案，无论是明显的、传统的还是最先进的。

第 8 课：决定。决定的过程。从备选方案中选择最好的。选择的优先权和标准。决定的结果和评价。

第 9 课：实施、执行。将这些原则落实到实践中，以便获得最终的成功。

第 10 课：TEC–PISCO。应用整个 PISCO 过程：目的—输入—解答—决定—实施（purpose—input—solutions—choice—operations）。合并所有的 TEC–PISCO 框架，使用前面的 3 个工具（TEC）来详细定义 PISCO 的每个阶段。

第三节　创新能力

一、创新能力及其特点

（一）创新能力的概念

人类的决策活动是一种不断推陈出新的智力活动，每一种决策方案总有不同于其他方案的新意，因此，每一个决策主体都要具有起码的创新能力。人类社会的进步和发展离不开创新能力的支撑，它是一个人、一个领导者实现自身潜力的基础，是一种自觉的行动，是一种创造力，是一种智慧的结晶。

创新能力是创新主体对无法用传统方法或程序解决的问题，采用新颖或独创方式加以解决的能力，是创新主体在创新活动中表现出来并发展起来的各种能力的总和。

从理论上讲，创新能力指的是拥有独特的思考方式，以及探索、发现、分析、评估、推断、改进、解决问题的综合技能。这种技能不仅可以帮助人们发现更多的可能性，而且还可以帮助人们更好地实现自己的目标。实现创新的过程中，必须拥有多项基础技能，这些技能可以是观察、理解、分析、记忆、操作、组织、宣传、公关等，它们之间形成了一个完整的系统，彼此之间有着密切的联系，彼此依赖，共同推动着创新的发展。

从实践的角度看，创新能力表现为发现问题的敏锐观察能力、统观全局的统摄思维能力、拓展思路求索答案的能力、借鉴经验开辟新途径和转移经验的能力、远见卓识预见未来的能力。不同的人具有不同的创新能力，如科技创新能力、艺术创新能力、经营创新能力、管理创新能力等。现代科学研究表明，在一定智力水平（IQ ≥ 120），创新能力的大小就与智力无关，某些特殊领域如文学、艺术等，创新能力与遗传因素有一定相关性。

（二）创新能力的特点

创造力并非普通的能力，它是由人类的知识、技能、思维、智慧、个性和品质等因素共同构成的。它的独特之处在于以下几点。

1. 综合性

创新能力要把人的认识能力、分析能力、判断能力等集中起来，充分加以运用。

2. 独创性

创新能力要凭借人的想象力构造出前所未有的形象，打破以前的模式和框架。

3. 探究性

每一步独创，每一种想象，都存在失败的可能，因此，勇于探究是人的主观能动作用的表现，是创新能够实现的前提。

创新能力不同于空想，它要求决策者有丰富的知识和经验，有敢想、敢闯的勇气和科学求实的精神，有正确的思维方法和高超的创造技能。创新能力对各类不同的决策都有现实的意义。

二、创新能力的培养

创新能力是人类突破旧认识、旧事物，探索和创造有价值的新知识、新事物的能力，涉及一个人的多种能力，如逻辑思考能力、无限想象能力、换位共情能力、自我超越能力、方法运用能力、学习创新能力、管理创新能力等，是一个人综合能力的具体体现。研究资料表明，绝大多数人都没能发挥自身所具有的潜在创新能力，因而在现实生活中表现出来的创新能力远远低于潜在的能力水平。因此，开发个人创新能力和培养创新人才是我国培养高素质人才、发展现代化建设的当务之急。

开发创新能力要有 3 点基本认识：创新能力人皆有之；创新能力是一种潜力，可以开发，也必须开发；开发创新能力必须开发右脑。

诺贝尔奖获得者罗杰·斯佩里（Roger W.Sperry）的研究成果表明：大脑左半球的功能主要是语言、计算、逻辑思维，是理性之脑；大脑右半球则主管形象思维、联想思维、直觉思维、非逻辑思维，是创造之脑。要想开发创新能力就必须加强对右脑的开发，重点在于开发包括想象力及发散能力在内的一系列创造性思维的能力，最有效的右脑开发方法是进行创新训练。

第四节　创新的方法

贝尔纳指出，正确的创新方法有助于充分开发人类的潜力，但是，如果采取不当的方式，就有可能抑制或者消耗人类的创新潜力。因此，在科学领域，正确的创新方法是非常重要的，它不仅有助于激发人类的潜力，还有助于提升人类的智慧和技能。本书中列举了常见的创新方法：头脑风暴法、TRIZ 理论（发明问题解决理论）、奥斯本检核表法、组合创新法、6 顶思考帽法、5W2H 分析法、Scrum 法等。

一、头脑风暴法

群体决策受到个体心理因素的影响，容易受到权威或大多数人的观点的左右，从而导致群体思维的出现。这种集体思维会削弱群体的批判性和创新能力，从而降低决策的质量。为了解决这一问题，管理者们开发出一系列有效的改进群体决策的方法，其中头脑风暴法就是一个很好的例子。头脑风暴适合于解决简单的问题，常见于创意行业的广告业、产品名称、销售方案以及决策前的信息搜集等。

头脑风暴法又称智力激励法、BS 法。它是现代创造学奠基人、美国著名创意大师亚历克斯·奥斯本（Alex Faickney Osborn）在 1939 年提出的方法。奥斯本是著名的 BBDO 广告公司的创始人，BBDO 的 O 就是指他的姓 Osborn。1938 年，BBDO 公司出现危机，流失了很多重要客户和员工。奥斯本为了挽救公司，想出一套“创意”的武器系统，希望利用团队合作，结合业务、文案、设计，让这些不同角色的人员，合力发展出更强、更多的创意。该方法目前已成为创新活动中最常用的方法。

开头脑风暴会有 4 个原则。第一个原则：禁止批判。在开会的时候，所有成员自由畅想，相互之间不能批评。第二个原则：独特想法。所有成员都要无拘束地发言，气氛要保持轻松自由。点子越新奇，越能激发独特创意。第三个原则：量重于质，也就是数量比质量重要。开会的时候，围绕主题，用撒网捕鱼的方式，捞取大量点子。数量越多，好点子出现的机会越大。第四个原则：结合改善。1+1>2，多个点子合成可以变成更棒的创意。

另外开头脑风暴会议时，还要注意 7 个步骤。①确定具体的主题。如果会议的主题是“降低交通事故”，想不出有效解决方案时，就改为“让人人戴安全帽”，进一步把主题具体化，就会有好点子。②桌子排成四角形，成员围坐成“门”字形。如此发表意见时，每个人的眼神容易交会。③主持人要带动讨论；主持人要掌握气氛，帮助每个人从不同角度思考，鼓励大家热烈发言。④聚集各种领域人才。参加头脑风暴的人数，理想为 5～8 人，如果成员有与主题相关的专家，最好不要过半。越多不同领域的人才，对生产点子越有帮助。⑤自由发言，详细记录。记录时不可简化、压缩，要逐字记录。只言片语都会是解决问题的线索。⑥休息。会议进行到一段落，可以让大家休息后再进行。理想的休息时间是 60 分钟，休息时间可让成员沉淀，从客观角度思考别人的点子。⑦评估。以“独创性”与“实现性”为主，评估所有点子的可行度。尝试结合不同点子，提升点子的可行度。

头脑风暴可以分为直接头脑风暴（简称头脑风暴）和质疑头脑风暴（反头脑风暴）两种。头脑风暴是在专家群体决策中尽可能激发其创造性，产生尽可能多的设想；反头脑风暴是对头脑风暴提出的设想或方案进行质疑，并分析其实现的可行性。

头脑风暴是一种通过小型会议的组织形式，让所有参加者在自由愉快、畅所欲言的气氛中，自由交换想法或点子，并以此激发与会者创意及灵感，使各种设想在相互碰撞中激起脑海的创造性“风暴”。

头脑风暴的基本理念是：要获得很好的点子，首先要获得很多的点子；要获得很多的点子，就要靠点子来激发点子。个体头脑之间风暴式的化学反应，带来 1+1 远远大于 2 的可能性。比如，某年美国国防部制订长远科技规划。他们邀请了 50 名专家，对规划进行了两周的头脑风暴。新报告诞生，原规划文件中只有 25 %～30 % 的内容被保留；松下公司是头脑风暴的忠实使用者，仅在 1979 年内，就获得了 170 万条设想，平均每个员工 3 条；日本著名创造工程学家志村文彦，用这个方法帮助日本电气公司，并获得了 58 项专利，降低成本 210 亿日元。连接是基础，激发是核心，个体大脑是知识的子集。子集坐在一起，并不会自动拼成全集。只有遵守严谨流程的头脑风暴，才能把子集连接成全集，然后通过引发联想、热情感染、唤起竞争、张扬欲望的氛围，激发新的创意。

通过头脑风暴法，可以有效地提升集体思维的质量，其中应当遵守的基本准则有六点。①延迟审查原则。在审查过程中，应将所有的观点、建议等都置于最终审查之后，而不是在审查之前就对其进行任何评论。应该认真对待每一个想法，无论它们是否合理或可行。②畅想的原则。鼓励大家表达自己的观点，营造一种自由、活泼的氛围，让大家能够提出一些奇特的想法，让大家的思维得到释放。③以数量求质量原则。即通过增加意见的数量来增加有效的思考，从而达到更优秀的创新思维。④综合改善原则。即通过不断地寻找优点，并将其与其他人的思考结果结合起来，来实现更有效的思考。这也是衡量智力激励效果的重要指标。⑤突出求异创新。这是智力激励法的宗旨。⑥限时限人原则。

头脑风暴会议的实施步骤的实施与准备如下。

（1）为方便提供一个良好的创造性思维环境，要明确会议目标、确定参加会议的最佳人数（以 5～10 人为宜）和会议进行的时间。一般需将会议讨论的问题提前 1～5 天发给参会人员。

（2）选择一位优秀的主持人至关重要，因为他们将在头脑风暴法会议中发挥关键作用，确保会议的顺利进行。主持人需要严格遵守基本原则，营造良好的气氛，准确把握会议的主题，并积极提出有效的建议，以确保会议的顺利进行。主持人需要做好充分的准备，并具备良好的主持技巧，以便能够有效地传达“很好，请继续进行”和“很好，让我们改变一下方向”的信息，而不是仅仅简单地发表自己的观点。

（3）确定记录员。记录员需要把与会人员的设想全部记录并为其编号，防止遗漏和评价。

（4）会议时间。头脑风暴法会议的时间一般在 1 小时以内，避免超过 2 小时。

（5）延迟评价。延迟评价可以更好地激发思考，并通过头脑风暴法来评估人们的想法。

通常将想法划分为两类：实际应用型和抽象概念型。前者指的是通过当前的科学技术手段已经可以达到的目标，而后者则指的是目前尚未达到的目标。为了更好地实现这些目标，需要运用脑力激荡的方式来进行论证和二次开发，从而拓展想象空间。通过运用脑力激荡法，可以大胆地拓展和开发幻想型设想，从而使其从初始的构思变得更加完善，最终形成更加实用的解决方案。这是脑力激荡法的一个关键步骤，也是该方法质量高低的明显标志。

头脑风暴法成功的关键是讨论方式，即与会人员能否进行充分、非评价性和无偏见的交流，做到自由畅谈、延迟评判、禁止批评和追求数量。同时，参与人员的素质也对成功具有一定的影响。

在决策过程中，对直接头脑风暴提出系统化的方案和设想。进行现实可行性评估的三个阶段：在第一阶段，参与者需要对提出的任何构思进行深入的思考，并就其可能存在的局限性作出详细的分析；第二阶段，将每一组构思或每一个构思的结果汇总，并将其可行性分析结果列入一份详细的报告；第三阶段，将从报告中收集到的反馈意见，经过综合分析，得出一个能够满足当前需求的最佳构思。在三个阶段的质疑过程中，要不断检查，发现任何可能的缺陷。而分析小组则将对这些质疑的结论进行深入的研究与评估。如需在短时间内就重大问题进行决策时，分析小组需吸收一定数量的专家。

对于头脑风暴的正确使用方法有两个建议。

第一个建议，个人独立思考与团体思考可以先拆开再整合，也就是让各自先独立思考，然后再聚集到一起开会。比如，假如有 6 个成员开会，那么每个人先写下针对主题的 3 个想法，然后传给隔壁的人。每个人把拿到的想法加以补充，再传给下一个人。这样进行 5 轮，等于每个人都有机会补充其他 5 个人的意见。当所有人的意见都汇总后，再坐在一起进行讨论和评估。这样，就可以在避免开会弊端的同时，发挥出头脑风暴的优点。

第二个建议，一定要把想法写下来，甚至画出来，把思路图像化。开会时，一般通过讲话来交流，用文字写下想法或者记录别人的想法。但是平常在使用文字的时候，为了效率会习惯性地压缩信息。比如，在记别人讲话时，因为效率问题，会从别人的一堆话中快速截取某个关键字词并把它记录下来。这样一来，信息都是高度压缩的，不利于发挥创意。所以，在头脑风暴的时候建议尝试把思路图像化，这样会有意想不到的收获。

【案例分析 1】直升机扫雪

美国北方特别寒冷，大雪纷飞，由于电线上的积雪越来越多，导致电线被压断，严重影响通信。作为当地电信公司的老板，怎么办？用竹竿打雪？太危险了。把电线埋入地下？远水解不了近渴。怎么办？老板苦思冥想，一筹莫展。

请打开并取出那个叫作“头脑风暴”的工具试试。打开工具说明书，按要求把参会人员召集到一起，宣读使用工具的四大原则：自由思考、延迟批判、以量求质、结合改善。然后问：有什么好办法？大家七嘴八舌地议论开来。

有人说，设计一个电线清雪机？有人说，试试用电热的方式来化雪？有人说，试试震荡技术？有人说，带着扫把，坐着直升机去扫雪？

这时，突然有人说：“对啊，直升机！直升机沿着积雪严重的电线飞，高速旋转的、巨大的螺旋桨，扇落积雪应该没问题吧？”这个想法一下子激发了大家，很快又产生了七八个用直升机除雪的创意。

最后经过验证，直升机扇雪真是一个脑洞大开，但有奇效的好方法。这个问题被解决了。

【案例分析 2】头脑风暴是创意的神奇钥匙吗？

美国明尼苏达大学的研究人员做了一个测试。这个测试的参与者是 3M 公司的研发人员和广告主管。研究人员将受试者分成了两半，一半受试者 4 人一组，另外一半个人独立作业。得出结果后，再随机把人重新分组，也是 4 人一组，过程中如果有重复的创意，只能计算一次，后面的不算。结果发现，每一个问题，个人组产生的创意比团体组多出 30 %～40 %，品质也较高。在另一项研究中，研究人员将 168 个人分成 5 人、7 人和 9 人一组，以及和多人组对应的个人组。结果一样，个人组表现比团体组创意多，品质高。而且组员人数越多，表现越差。也就是说，团体头脑风暴对创意思考不但没有帮助，还会造成限制。

为什么头脑风暴会失效？是头脑风暴这个方法有问题，还是使用这个方法的具体人员操作不当？为了搞清楚原因，美国印第安纳大学针对头脑风暴最大的禁忌“禁止批判”做了一次实验：研究人员找来一群学生为 3 个不同的产品开命名会议。要求一半学生讨论过程不能有批判，另一半可以自由批判。结果不能批判组果然点子比较多，但其实是烂点子多，基本上同质量的点子，两边差不多，测不出差别。既然“禁止批判”也不能提高点子的质量，那么，问题出在了哪里？

答案是：开会。

头脑风暴会议，不仅不会带来期待的创意，反而会造成生产力耗损。为什么会这样？因为会议会让人对问题的看法变得越来越一致。会议对发想创意不见得有用，反而对凝聚共识很管用。一群人坐在一起思考，这时，有人丢出了一个想法，这个想法就会影响到每个人的记忆。要知道，人类的大脑跟其他器官一样，好逸恶劳，能省力就省力。现在别人提出了点子，围着这个点子打转就好，不必费力想别的不同的点子。但是反过来，当个人独立思考的时候，大脑就不会受到别人的影响，就会产生各种不同的想法。所以说，会议会让大家对问题的看法变得越来越一致。此外，人还是群体动物，喜欢意见一致，越多人看法相同，安全感就越高。

所以，会议不会产生创意大师，而是会产生领导者。

领导者是什么呢？

领导者就是能影响他人的心智、让大家跟着他走的人。这样不仅不会产生更多不同的想法，反而会形成一个坚定的思考。而且，领导人一般厌恶不确定感，喜欢快速搞定状况，催促所有人达成共识，马上行动。这就意味着在会议上，不可能达成头脑风暴想要的平等、自由的发言。所以说，开会让头脑风暴失效，变得不那么管用。

二、TRIZ 理论

TRIZ 理论是根里奇·阿奇舒勒（Tehpnx Caynobny Anbtwynnep）于1946 年提出的一种重要的发明解决方案，他被誉为 TRIZ 之父。阿奇舒勒认为，无论是产品的改良、技术的转型、创新还是生物体的运行，都会遵循着某种规律，即从诞生到成长、完善、衰退、消失，而当人们把握住这种规律时，就能够更好地应对各种挑战，从而实现更高的效率、更好的结果。阿奇舒勒一直在努力探索 TRIZ 理论，他的工作范围涵盖了产品设计、预测市场趋势、实现创新、改进技术等多个方面。在他的领导下，TRIZ 的研究小组通过对全球超过 250 000 份高质量的发明专利的深入分析，提炼出一套完整的技术发展趋势以及如何有效地解决技术与物质之间的矛盾，从而形成一个完整的理论体系，它将不同学科的原理与法则有机地融合，为推动技术创新提供了一个有效的框架。

（一）现代 TRIZ 理论法的核心思想

（1）任何一个产品或者一个技术系统，都会经历一定的演变，而这一演变的轨迹可以归结为一些客观的规律。

（2）解决这些问题、矛盾和冲突，则是促成演变的动力。

（3）技术系统发展，最佳的演变状态就是在最小的投入下，最大限度地提升效率。

创新可以被定义为一种有效的探索、分析、评估、评价及改善的过程，而 TRIZ 理论则可以帮助人们更好地探索，并且可以提供有效的理论指导和实践支持。

（二）TRIZ 理论主要内容

1. 创新思维方法与问题分析方法

TRIZ 理论为解决复杂问题提供了一种全面的、有效的分析技术，其中包括多屏幕法、物—场分析法等，这些技术能够有效地帮助人们更加清晰地识别出问题的核心，并找出其背后的根源。

2. 技术系统进化法则

根据多年的研究和 TRIZ 理论的支持，人们提炼出了 8 个关于技术系统的进化规律。通过运用这些规律，人们不仅能够准确地评估当前的技术水平，还能够预测未来的发展方向，从而为企业带来更具竞争力的新产品。

3. 技术矛盾解决原理

TRIZ 理论提供了一种有效的方法来探索和分析各种发明创造之间的关联性，并将其总结为 40 个关键的创新原则，从而为解决各种技术问题提供了有效的指导和参考。

4. 创新问题标准解法

根据每个问题的特性，采用相应的模型处理技术，如调整、变更、增强物质和场的参数，以达到最佳的解决效果。

5. 发明问题解决算法 TRIZ

TRIZ 这个技术系统专门用于处理复杂的问题，包括矛盾和模糊的部件。它通过一些非计算的方法，如变换和重新定义，来帮助人们更好地理解初始问题，并最终达到解决的目的。

6．基于工程学原理构建知识库

TRIZ通过对数百万项发明专利的深入研究，建立了一个知识库，它涵盖了物理、化学、几何学等多个领域，为技术创新提供了丰富的解决方案。

（三）TRIZ解决过程

根据技术进化原理，解决冲突是技术系统不断演进的关键，它可以帮助人们更快地实现改善。然而，当人们面对复杂的挑战时，只能通过解决那些阻碍它们演进的根本性障碍来实现改善。通过使用TRIZ，设计者可以首先将要设计的产品描述为一个TRIZ问题，并使用其中的工具，例如发明原理和标准解，来寻找这个问题的一般性解答，也就是所谓的模拟解，最终，设计者可以将这些解答转换为某一特定领域的解决方案。

（四）TRIZ常用工具

阿奇舒勒及其TRIZ研究小组开发出多种多样的工具，包括冲突矩阵、76个标准解、ARIZ、AFD、物—场分析、ISQ、DE、8种演化类型、科学效应、40个创新原理、39个工程技术特性以及物理学、化学、几何学等多种工程学原理，其中最为普遍的是宏观的矛盾矩阵法（冲突矩阵法）及微观的物场变换法。通过使用TRIZ，人们可以更好地理解输入与输出之间的关系，解决冲突及推动技术发展。这种方法不仅可以帮助人们将创新的理论转换成可操作的软件，还可以为实际应用奠定坚实的基础。

（五）TRIZ优势

与传统的创新方法相比，TRIZ理论具有显著的优势，它能够深入探究创新的内在规律和原理，清晰地揭示系统中存在的矛盾，而不是逃避矛盾，其目标是完全解决矛盾，获得最终的理想解，而不是采取折中或妥协的做法，它是基于技术发展演化规律，研究整个设计与开发过程，从而更好地实现创新的目标，更有效地提升创新效率，更好地满足客户的需求。通过应用TRIZ理论，不仅可以大大提升人类创造发明的效率，而且还能获得更优质的创新产品。它能够帮助我们更好地分析问题，快速发现问题的本质或矛盾，准确地指出解决方案，克服思维的局限，从而打破思维的限制，以全新的视角来解决问题，并能够根据技术的发展趋势预测未来的发展，从而带来更具竞争力的新产品。

（六）TRIZ 的应用

TRIZ 是一种有效的创新设计理论，它旨在帮助设计者快速找到满足需求的解决方案。它不仅针对特定的机构、机械或过程，而是要建立一个模型，指明解决问题的方向以及解决技术问题或发明问题的有效方法。TRIZ 的原理和算法不仅可以应用于各种特定的领域，而且还可以用于创新性地解决复杂的问题，从而发挥出它的最大价值。2003 年，三星电子采用 TRIZ 理论指导“专家辅助创新”项目研发，取得了巨大的成功，节省了超过 15 亿美元的费用，并且成功申请了 52 项专利，这一成就为美国的众多企业，尤其是大型企业，如波音、通用、克莱斯勒、摩托罗拉等，带来了巨大的经济效益。一项革命性的技术可以对一家跨国公司产生巨大的影响，这在当今社会是极为罕见的。

“专家辅助创新”是三星公司在 1997 年引入 TRIZ 理论后在 2003 年实施的一项重大创新，它的成功源于三星公司在 TRIZ 领域的专业人员的支持和帮助。这些专业人员拥有 10 年以上的 TRIZ 应用经验，并精通各种工程领域。

（七）TRIZ 常见的基本措施

1. 分割原则

①将物体分成独立的部分。

②使物体成为可拆卸的。

③增加物体的分割程度。

例：货船分成同型的几个部分，必要时将船加长些或变短些。

2. 拆出原则

从物体中拆除“干扰”部分（“干扰”特性）或者相反，或者将其分解为更小的单元，以获得更多的信息。这种方法与将物体划分为几个相同单元的方法截然不同，而是将其分解为不同的单元。例如，通常情况下，小型游艇的照明和其他用电是通过船上的发动机驱动的，为了在停泊时继续提供电力，需要安装一个内燃机驱动的辅助发电机。但是，这会导致噪音和振动，因此，建议将发动机和发电机分别放在两个相邻的容器中，并使用电缆进行连接。

3. 局部性质原则

①从物体或外部介质（外部作用）的一致结构过渡到不一致结构。

②物体的不同部分应当具有不同的功能。

③物体的每一部分均应具备最适于它工作的条件。

比如，为了有效地防止矿山坑道里的粉尘污染，可以采取锥体状喷洒的方式，水珠越小，除尘效果越好，但是，由于水珠容易形成雾，这会使工作变得更加困难。为了解决这一问题，可以在锥体外层再造一层大水珠，以达到最佳的除尘效果。

4. 不对称原则

当物体的外观发生变化时，就会表现出不同的特征，而当这种变化超出了原本的对称性时，就会增强其不对称性。例如，一款防撞汽车的轮胎就会配备一个高强度的侧边，可以抵御人行道上的障碍。

5. 组合原则

将具有相似特征的物体和操作结合在一起，例如，使用双联显微镜组，可以让一位操作者进行观察和记录，另一位进行操作，以获得更加准确的结果。

6. 多功能原则

一个物体执行多种不同功能，因而不需要其他物体。例：提包的提手可同时作为拉力器。

7. 重量补偿原则

通过将物体与具有上升力的介质（例如氢气球或气动力和液动力）结合，可以有效地减轻物体的重量，例如，可以通过安装制动式离心调节器来调节转子的转数，从而达到减轻物体重量的目的。为了确保在风力增大时，转子转速能够被有效控制在较低的范围内，将调节器的离心片设计成叶片形状，以实现气动制动。令人惊讶的是，这一发明的公式清晰地表达出所面临的挑战。当风力增大时，为了减少转数，需要增加离心片的质量，但由于离心片的旋转，人们很难接近它。因此，通过改变离心片的形状，将其制造成具有负迎角的翼状，从而解决了这个问题。显然，如果想要改变物体的重量，但它的重量无法按照预期改变，那么我们就可以让它变成翼状，并调整翼片的倾斜角度，以获得所需的额外力。

8. 预先反作用原则

如果要完成某种任务，则应该提前考虑反作用。例如，使用杯形车刀进行车削时，应该在车削过程中让车刀围绕几何轴旋转。这样做的目的是防止产生振动，因此应该在切削过程中施加负荷力，这个力应该与切削过程中产生的力相近，并且方向相反。

9. 预先作用原则

预先完成要求的作用（整个的或部分的）；预先将物体安放妥当，使它们能在现场和最方便的地点立即完成所需要的作用。

10. 等势原则

改变工作条件，使物体上升或下降。

11. 相反原则

不满足课题条件，实现相反的效果；使物体或外部介质的运动部分停止运动；将物体颠倒过来。

12. 球形原则

通过使用不同的工具，如棍子、球体和螺旋，可以将物体的运动从直线转换为曲线，将平面转换为球面。此外，还可以利用离心力来实现这些转换。

三、奥斯本检核表法

通过使用检核表法，人们可以从多种视角探索出有效的解决方案，其中最为普遍的便是奥斯本检核表法，它可以将复杂的问题按照一定的标准，分门别类地核查，以激发出更多的创新思维。在各种创新技术中，这种方式表现最佳，因其卓越的成就而被称为创新之母。通过使用这种方式，人类不仅能够取得惊人的成就，还能够创造出许多令人惊叹的发明。

亚历克斯·奥斯本是美国创新学之父，1941 年，他出版了世界上的第一部创新学专著《创造性想象》，提出了奥斯本检核表法，此书的销量达 4 亿册，超过了《圣经》。

奥斯本检核表法就是以提问的方式，根据创造或解决问题的需要，列出一系列提纲式的提问，形成检核表，然后对问题进行讨论，最终确定最优方案的方法。（如表 2-4-1 所示）

表 2-4-1 奥斯本检核表法九大问题

序号	检核项目	说明
1	能否他用	能否还有其他的用途？保持不变能否扩大用途？精加工改变有无其他用途
2	能否借用	能否从别处得到启发？能否借用别处的经验和发明？过去有无类似的东西可供模仿？谁的东西可模仿？现有的发明能否引入到其他的创造设想之中
3	能否改变	能否做某些改变？改变一下会怎样？可改变一下形状、颜色、音响、味道吗？是否可能改变一下型号模具或运动形式……改变之后，效果如何
4	能否扩大	能否扩大适用范围？能否增加使用功能？能否添加零部件，延长它的使用寿命，增加长度、厚度、强度、频率、速度、数量、价值
5	能否缩小	能否使体积变小、长度变短、重量变轻、厚度变薄以及拆分或省略某些部分（简单化）？能否浓缩化、省力化、方便化
6	能否替代	能否用其他材料、原件、方法、工艺、功能等来代替
7	能否调整	能否变换排列顺序、位置、时间、速度、计划、型号？内部元件可否交换
8	能否颠倒	能否正反颠倒、里外颠倒、目标手段颠倒等
9	能否组合	能否进行原理组合、材料组合、部件组合，形状组合、功能组合，目的组合

奥斯本检核表法有“三步走”实施步骤。第一步：根据创新对象明确需要解决的问题；第二步：参照表中列出的问题，运用丰富的想象力，强制性地逐个核对讨论，写出新设想；第三步：对新设想进行筛选，将最有价值和创新性的设想筛选出来。

奥斯本检核表法的注意事项：①对所列举的事项逐条检验，确保不遗漏；②

尽量多核验几遍，以确保较为准确地选择出所需创新、发明的方面；③进行检索时，可将每一大类问题作为一种单独的创新方法来运用；④核验方式可根据需要进行多种变化。

奥斯本检核表法突出的优点是使得思考问题的角度具体化，缺点是必须选定一个改进对象然后才能设法加以改进。因此，该方法不是原创型的，但有时候可以产生原创性的创意。奥斯本的检核表法可被视为一种强大的横向思维工具，它能够通过直观、简单的方式来刺激思维，帮助人们克服不敢提出问题的困难。在许多情况下，能够提出问题本身就意味着一种创新，而且这种方法的操作非常简单，效果非常显著。

奥斯本通过对近、现代科学发现、发明和创造的研究，总结出一套适用于任何领域的创造性解决方案，共包括 9 组、75 个问题，具体如下。

（1）当前的技术可能有多种用途？如果保持原有的特性，是否可以拓展新的用途？即使只是微小的改变，也可能带来新的用途？

在进行创新活动时，人们通常会采取两种不同的策略：一种是在明确了目标之后，通过探索和分析来寻求有效的解决方案；另一种策略则是，在发现事实之前，先探究它可以带来的影响，并以此为基础，把思考转移至目标上。随着科学技术的进步，后一种方法已经成为日益普及的解决问题的有效途径，并受到了社会的广泛认可。

某个东西，"还能有其他什么用途？""还能用其他什么方法使用它？"……这些问题激发了人们的想象力，让人们能够想出更多的可能性，从而拓展应用领域，开拓市场。例如，在德国有人想出了 300 种利用花生的实用方法，仅仅用于烹调，他就想出了 100 多种方法。橡胶是一种多功能的材料，可以用来制作各种各样的物品，例如床垫、浴缸、人行道装饰品、衣物夹子、鸟笼、门把手、棺材和墓碑。此外，废弃物也可以作为一种资源，例如炉渣和边角料。当人们把自己的想象力尽情发挥，他们可以发现更多令人惊叹的创意，从而激发出无限的可能性。

（2）从其他地方获取启发是可行的，但是是否可以借鉴他人的经验或发明？外界是否有类似的想法？是否可以模仿？谁可以模仿？是否可以将现有的发明引入其他的创新想法中？

威廉·康拉德·伦琴（Wilhelm Conrad Röntgen）在发现X射线时，完全没有料到它可以带来如此多的好处。当他发现X射线可以被广泛应用于各种领域时，他感到非常震惊。如今，X射线被用于治疗疾病，外科医生可以利用它来观察人体的内部结构。随着科技的飞速发展，电灯从最初的照明功能发展到了多种功能，如紫外线灯、红外线加热灯、灭菌灯等，这些新型的灯具不仅解决了许多科学技术难题，而且还为人们提供了更多的便利，使得科学技术的普及和应用变得更加容易。随着技术的不断进步，一种全新的产品、工艺和材料将会在更多的领域得到广泛的应用，从而展现出它的活力。

（3）当前的物品能够被重新设计，那么它们的外观、颜色、声音、口感等都能够发生改变，而且这种改变还能够影响到它们的意义、型号、模具、运动形式等，最终的结果又会是什么？汽车的外观可以通过调整来改善，例如将其涂上一层亮丽的颜色，可以使其更具吸引力，进而提升其销量。同样，将一种食物包装得更漂亮，也可以让人更容易接受。

（4）通过放大、扩大，可以拓展现有的产品的应用范围，并且可以通过添加新的部件来延长其使用寿命，提升产品的性能，从而提升其价值，并且加快转速。

通过自我发问，研究“再多些”和“再少些”等相关的内容，可以为想象力提供丰富的灵感；运用加法和乘法，可以拓宽人们的视野，拓展思维的范围。

“为什么不用更小的包装呢？”有人提出，橡胶工厂应该将点合剂装入50加仑的容器中，以节省大量马口铁，而不是将其装入1加仑的容器中，这样可以反复使用，从而节约大量的资源。“能改变一下成分吗？”——牙膏中加入某种配料，成了具有某种附加功能的牙膏。

（5）缩小可以带来许多好处，比如减少体积、降低重量、降低高度、压缩、变薄，甚至可以省略或进一步细分，比如袖珍式收音机、微型计算机、折叠伞等，都可以被视为缩小的成果。

（6）是否可以采用其他物质或技术来取代原有的物品，比如采用液压传动技术来代替金属齿轮，或者采用充气技术来取代电灯泡中的真空，以此来提升钨丝灯泡的亮度。是否可以选择其他地点，或者采用其他技术或方法以及使用其他能源，来实现这一目标。采用替代或替换的方式，可以为想象力开辟出更多的可能性。

(7) 从调换的角度思考问题。能否更换一下先后顺序？可否调换元件、部件？是否可用其他型号，可否改成另一种安排方式？原因与结果能否对换位置？能否变换一下日程？更换一下，会怎么样？

经过重新组织，飞行器的发展历程变得更加丰富多彩。从最初的螺旋桨安置在头部，到后来的直升机，再到现今的喷气式飞机，都证明了重新组织的力量能够激发出许多有趣的创意。例如，重新组织商店，优化营业时间，优化 TV 节目播放顺序，以及优化机械设备布置，将会带来极大的改善。

(8) 从不同的角度思考，通过对比，我们可以激发出更多的创造力，让我们的想法更加丰富多彩。例如，如果把事物倒着看，它们的顺序和方向是否可以改变？它们的内部和外部是否可以互换？是否可以将正确与错误相互转换？能否将积极与消极相互转化？

“颠倒”的反向思维方法在创造活动中被广泛应用，尤其是第一次世界大战期间，它的应用更是大大提高了建造舰船的效率，使得建造速度大大提升。

(9) 从多方面分析问题，比如：如何将各种想法结合起来，构建一个完整的系统？如何将不同的目标组合起来，如何将各种部件组合起来，以达到最佳效果？

例如将铅笔和橡皮结合在一起，可以制作出带有橡皮的铅笔；将几种部件组合在一起，可以制作出组合机床；将几种金属结合在一起，可以制作出具有不同性能的合金；将几种材料结合在一起，可以制作出复合材料；将几家企业结合在一起，可以构建出横向联合……

【案例分析】日本明治大学川口寅之助训练内容

①能否节约原料？最好是既不改变工作，又能节约。

②在生产操作中有没有由于它的存在而产生干扰的东西？

③能否回收和最有效地利用不合格的原料在操作中产生的废品？能否使之变成其他种类具有商业价值的产品？

④生产产品所用的零件能否购用市场上销售的规格品，并将其编入本公司的生产工序？

⑤将采用自动化而节约的人工费和手工操作进行比较，其利害得失如何？不仅从现在看，而且根据长期的预测，又将如何？

⑥生产产品所用的原料可否用其他适当的材料代替？如何代替，商品的价格将如何？产品性能改善情况怎样？性能与价格有何关系？能否把金属改换成塑料？

⑦产品设计能否简化？从性能上看有无加工过分之处？有无产品外表看不到，而实际上做了不必要加工的地方？这时，首先要从性能着眼，考虑必要而充分的性能条件，其次再考虑商品价格、式样等。

⑧工厂的生产流程有无浪费的地方？材料处理对生产率影响很大，这方面的改进还可节省工厂的空间。

⑨零件是从外部订购合适，还是公司自制合适？要充分考虑工厂的环境再作出有数据根据的判断，从而能在大家都认为理所当然的事情中发现意外的错误，只凭常识是不可靠的。

⑩查看一下商品组成部分的强度计算，然后考虑能否再节约材料。

四、组合创新

人类的许多创造成果来源于组合。组织得好的石头能成为建筑，组织得好的词汇能成为漂亮文章，组织得好的想象和激情能成为优美的诗篇。宫商角徵羽五律变化出无穷无尽的新音调，组成新的音乐作品。青、白、赤、黑、黄 5 色组合出目不暇接的新颜色，组成不同的风景、不同的作品。通过对各种家具进行结构上的改进与联系，使得组合家具既有利于组合又便于拆卸，使用效率和有效性大大超过了传统家具，如沙发床，将床与沙发的概念进行整合。这就是组合的力量。

组合创新法是一种创新的思维方式，它可以帮助企业根据特定的技术原理，将多个功能元素结合起来，创造出新的产品、工艺和材料，从而提升企业的竞争力。它可以帮助企业改善产品的性能，提升服务质量，从而创造出新的价值。通过对市场需求的分析和比较，可以制造出具有创新性的新技术产品，这些产品可以是多种功能、多种材料、多种原理的结合。同样，发明创造也离不开现有技术、材料的组合。

吉姆是一名英国的小职员，他每天都要坐在办公室里抄写文件，经常感到腰酸背痛。为了缓解疲劳，吉姆想到了一种非常有效的方法：在工作之余去滑冰。冬季，吉姆可以在室外找到一处滑冰的场所，但是在其他季节，他却没有这样的机会。吉姆一直在寻找方法，希望能够在其他季节也能像冬季一样滑冰。经过多次思考，他最终想出了一个创意。他将自己的鞋子和轮子巧妙地结合在一起，创造出了“能滑行的鞋”这个作品。经过多次尝试和实验，他最终创造出一种可以在四季使用的“旱冰鞋”。

组合创新法具有以下特点：①将多种特征有机结合，形成一种新的、有效的组合；②这种结合可以提供支持和补充，从而创造出新的方法和效果；③可以利用现有的技术成果，而无须建立复杂的理论基础或开发出更高级的技术。

组合型创新常用方法有：主体附加法、异类组合法、同物自组法、重组组合法及信息交合法等。

主体附加法。通过将一种特定的元素与其他元素结合起来，形成一种新的组合，这种组合方式被称为主体附加法。这种方式虽然创造性较弱，但只要稍加思考和动手就能够实现，而且只要选择正确的元素，就能够产生巨大的效果，例如，在圆珠笔上安装橡皮头，在摩托车后面的储物箱上装上电子闪爆装置，都具有方便、美观、实用的优点。

异类组合法。将两种或两种以上的不同种类的事物组合产生新事物的方法称为异类组合法。

同物自组法。同物自组法是将若干相同的事物进行组合从而产生新事物的方法。同物自组法在组合时需要多观察数量变化后功能能否更好地发挥，或者能否产生新的功能、新的意义。例如，情侣笔套装、旺旺大礼包以及风格相同颜色不同的牙刷包装在一起称为“全家乐”牙刷。

重组组合法。重组组合法是一种将多个要素有机结合在一起，以达到提升事物整体功能和性能的方法。它不仅仅是一种有意识的改变，更是一种将原有要素重新组合以达到改变事物性能的过程。简而言之，就是将多个要素有机结合，以达到提升事物性能的目的。在重组组合前，应该全面评估研究对象的现有结构特征，仔细分析其优势和不足，并采取有效措施来改善它们；最终应当根据实际情况，选择最佳的重组方案。

信息交合法。信息交合法是建立在信息交合论基础上的一种组合创新技法。

信息交合论认为，两个主要的概念是：第一，不同的信息会相互结合，形成新的信息；第二，不同的关系会相互结合，形成新的关系。根据这两个概念，人类可以利用已知的信息进行交流和结合，以达到创造性的思考。

人类的许多创造成果来源于组合。同样，发明创造也离不开现有技术、材料的组合。

研究发现，1900 年以来，480 项重大创新成果表明，技术创新的性质和方式在 20 世纪 50 年代发生了重大变化，原理突破型成果的比重显著下降，而组合型创新则成为主要的创新方式。据统计，在现代技术开发中，组合型成果已占全部发明的 60 %～70 %。

技术为什么会不断的进步呢？这是因为，已经被“捕获”的技术越来越多，于是，工程师们的工具箱里充斥着各式各样的神奇技术，它们构成了工程师们的“域”，也就是他们的活动范围。日常标准工程提供了一系列的技术模板，“复制”则提供了一系列的解决方案，以帮助他们解决各种复杂的问题。技术人员不断地运用科学思想，就像政客们不断地运用历史悠久的政治哲学家的思想一样，然而，他们对于它们的起源和发展历程却知之甚少。虽然他们只是按照规定来做，只是简单地把它们搬到一起，但是，只要把它们融入实际中，就可以产生重大的影响。因此，不可忽视这些微不足道的变革，它们可以带来惊人的结果。牛顿曾经指出，连续不断地思考提供了一种顿悟的方式。仔细观察，会发现，真正的技术革命很多时候不是凭借一种天才的想法诞生的。相反，许多真正的革命性的技术革新源于对现有技术的重新整理以及在不同领域中寻求新的解决方案。在技术创新过程中，许多基础原则和方法都源于现存的设备和方法，并且借鉴了许多不同领域的理论，而“挪用”则成为这一过程的核心。创新是一种新的组合，它可以将看似毫不相干的事物联系起来，以一种出人意料的方式重新呈现给人们。“混搭”就是一个很好的例子，它可以让人发现新的素材。

所谓的技术创新，无非是“借用”“套用”和“挪用”。“借用”就是对自然现象的“捕获”，“套用”就是用工具箱里现成的工具完成新的任务，“挪用”就是把其他领域的现象和原理拿来借鉴，从而形成新的思路。

五、6 顶思考帽法

6 顶思考帽法（如图 2-4-1 所示）是一种由英国学者爱德华·德·波诺（Edward de Bono）博士开发的思维训练模式，它旨在帮助人们进行全面的思考，从而培养出平行思考、创新思考、人际交往等能力，同时也可以有效地提升团队的智慧水平。“平行思维”的工具可以有效地节省时间，避免因为争论而浪费宝贵的时间；它强调的是“能够成为什么”，探索一条可持续发展的道路，而不是仅仅停留在争论对错的层面。通过这种方式，可使混乱的思考变得更加清晰，使团体中的无意义的争论变成一种集思广益的创造，让每个人都能够发挥出自己的创造力。

图 2-4-1　6 顶思考帽法

世界创新思维、概念思维领域的专家爱德华·德·波诺说，每个人都有 6 顶不同颜色的，代表不同思维方式的帽子，它们是：

代表“信息”的白帽，充分搜集数据、信息和所有需要了解的情况；

代表“价值”的黄帽，集中发现价值、好处和利益；

代表“感觉”的红帽，让团队成员释放情绪和互相了解感受；

代表“创造”的绿帽，专注于想点子，寻找解决办法；

代表“困难”的黑帽，只专注缺陷，找到问题所在；

代表“管理思维过程”的蓝帽，安排思考顺序，分配思考时间。

这 6 种完全不同的思维方式，在一个人的大脑中彼此对抗，在一群人的讨论中寸土不让，最后浪费了大量的时间，却没有结论。

人们应该训练一种思考能力，让所有人在同一时刻，只戴一顶思考帽，充分思考后，再换另一顶帽子。这种从争论式的“对抗性思维”走向集思广益式的“平行思维”就叫作“6 顶思考帽法”。比如，关于合约制婚姻的问题，可以试试“蓝白黄黑绿红蓝”的思考方法。蓝帽主持讨论流程，先让所有人戴上白帽，搜集全球合约制婚姻相关的信息；然后戴上黄帽，专注想想，这么做所有可能出现的好处，哪怕很小；接着，再戴上黑帽，依旧这么做，思考会带来的所有问题和实施的一切困难；再然后，戴上绿帽，穷举解决问题、克服困难的方法；再戴上红帽，表达情绪，基于信息、价值、困难、创造，思考是否赞同合约制婚姻；最后，蓝帽总结讨论结果。本来三天三夜不会有结果的讨论，很快就会讨论完了，即使最后没有结论，这个“没有结论”也会来得更快一些。

6 顶思考帽的多种戴法：“蓝白黄黑绿红蓝”的思考方法，可以用在很多地方。当然除了这个组合，6 顶思考帽还有很多种戴法。简单问题，可以戴“蓝白绿”；改进流程，可以戴“黑绿”；寻找机会，可以戴“白黄”；保持谨慎，可以戴“白黑”；做出选择，可以戴“黄黑红”；等等。

使用 6 顶思考帽法的几个基本建议。①白帽先行。通常，思考应该从获取信息开始，这会使得其他的思考帽有讨论的坚实基础。②黄在黑前。先思考价值，再思考困难，有助于产生正向的动力，获得正能量。③黑后有绿。黑帽让人们看到问题、困难、风险，但黑后有绿，鼓励思考者探索黑帽是否有解决方案。

其实，6 顶思考帽法的逻辑和彩色打印机很相似。彩色打印机有青、红、黄、黑 4 种颜色，它把每种颜色分 4 次打印在同一张纸上，最终形成了彩色照片。所以，可以把 6 顶思考帽法称之为“彩色思考”。6 顶思考帽法的含义、功能、特点及创新任务如表 2-4-2 所示。

表 2-4-2 “6 顶思考帽法”的含义、功能、特点及创新任务

帽子	含义、功能、特点	承担创新工作任务
白色	白色代表中立与客观。戴上白色思考帽，人们就只是关注事实和数据	陈述问题事实
红色	红色代表感性和直觉，使用时不需要给出证明和依据。戴上红色思考帽，人们可以表现自己的情绪，还可以表达直觉、感受、预感等方面的看法	对方案进行直觉判断

续表

帽子	含义、功能、特点	承担创新工作任务
黄色	黄色代表价值与肯定。戴上黄色思考帽，人们从正面考虑问题，表达乐观的、满怀希望的、建设性的观点	评估该方案的优点
黑色	黑色代表谨慎消极。戴上黑色思考帽，人们可以运用否定、怀疑、谨慎质疑的看法，合乎逻辑地进行批判，尽情发表负面的意见，找出逻辑上的错误，进行逻辑判断和评估	列举该方案的缺点
绿色	绿色代表跳跃与创造，寓意创造力和想象力，具有创造性思考、头脑风暴，求异思维等功能。戴上绿色思考帽，人们不需要以逻辑性为基础，可以帮助人们寻求新方案和备选方案，作出多种假设。并为创造力的尝试提供时间和空间	提出如何解决问题的建议
蓝色	蓝色代表冷静逻辑，负责控制各种思考帽的使用顺序，规划和管理整个思考过程，并负责作出结论。戴上蓝色思考帽，人们可以集中思考和再次集中思考，指出不合适的意见等	总结陈述，作出决策

6顶思考帽法是一款易于使用、可靠的思维工具，可以激发人们的积极性、勇气和创造力，使得会议、讨论、报告和决策都变得更有趣、更有活力。它可以帮助人们发表有价值的见解，倾听他人的看法，并且可以从多个视角来思考同一个问题，从而获得更有效的解决方案；“平行思维”可以替代批判性思维和垂直思维，增强团队成员的协作能力。

6顶思考帽法的功能与价值：①它不仅是一种批判性、辩论性、对立性的思维模式，而且还能够激发人们的积极性、创造力，帮助他们提升自身的思考能力；②它可以帮助人们消除情绪的影响，抛弃思维的僵局，打破传统的思维模式，从而提升思考的效率；③通过6种不同的颜色的帽子，让人们能够轻松地掌握复杂的思维模式；④在遇到困难时，“6顶思考帽法”可以帮助人们找到一种可持续发展的解决办法，从而提升自身的能力，“6顶思考帽”将为人们带来一种全新的体验；⑤通过多种不同的思考方式和观点的结合，可以避免人际冲突；⑥通过深思熟虑的过程来寻求答案；⑦避免自负和片面性，通过使用6种不同的思维角色来支持个人的行为，从而促进团队讨论的互动。

“6顶思考帽法”已被美、日、英等50多个国家政府认可，并将其设为教学课程；同时也被世界许多著名商业组织作为创造组织合力和创造力的通用工具，比如微软、IBM、西门子、波音公司、松下、杜邦以及麦当劳等。因为使用6顶思考帽，J.P.Morgan（摩根大通集团）将会议时间减少了80 %；英国Channel 4电视台在两天内创造出的新点子比过去6个月里想出的还要多；施乐公司用不到一天的时间就完成了过去一周才能完成的工作。

六、5W2H分析法

（一）5W2H分析法简介

5W2H分析法（如图2-4-2所示）又叫7问分析法，由第二次世界大战中美国陆军兵器修理部首创。5W2H法是发明者用5个以W开头的英语单词和2个以H开头的英语单词进行设问，以找到解决问题的线索，寻找发明思路，进行设计构思，从而创造出新的发明项目。

5W2H分析法并不复杂，是“步骤化、清单化”的管理思想的典型代表，帮助使用者更缜密地找到问题，变革创新，分配任务。该方法使用方便，易于理解，富有启发意义，被广泛用于企业管理和技术活动，对于决策和执行性的活动措施也非常有帮助，也有助于弥补考虑问题的疏漏。

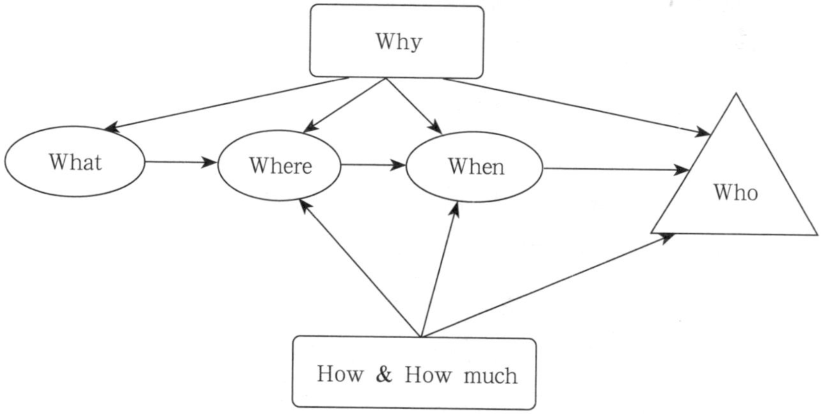

图2-4-2　5W2H分析法流程图

What——是什么？目的是什么？做什么工作？

Why——为什么要做？可不可以不做？有没有替代方案？

Who——谁？由谁来做？

When——何时？什么时间做？什么时机最适宜？

Where——何处？在哪里做？

How——怎么做？如何提高效率？如何实施？方法是什么？

How much——多少？做到什么程度？数量如何？质量水平如何？费用产出如何？

提出疑问对于发现问题和解决问题是极其重要的。创造力高的人都具有善于提问题的能力。众所周知，提出一个好的问题，就意味着问题解决了一半；较高的提问题的技巧，可以让人充分发挥自己的想象力。相反，有些问题提出来，反而挫伤人的想象力。

5W2H 分析法拥有多项显著的优点：①能够精确地识别和描述问题，为提高工作效率提供了一种有力的指导；②能够深入洞察事件的实质，将其重新构建，从而更好地理解和应用；③操作简单，容易上手，并且能够激发出更多的灵感；④能够帮助人们更好地组织思维，避免出现盲从的情况。通过深入分析和综合考虑，可以有效防止在流程设计过程中出现任何疏忽。

（二）5W2H 分析法的常见用法

5W2H 分析法的 3 种常见用法如下。

1. 用 5W2H 法找到问题

下属反应前员工俱乐部最近不温不火，要搞明白这个问题，可以试着拿起 5W2H 检查板。

What：前员工俱乐部的互动越来越少；

Where：减少的是微信群里的发言数量；

When：最近 3 周，尤其是最近 1 周；

Who：都不怎么发言了，尤其是以前最活跃的几个人；

How Much：500 人的群，过去每天有 1000 条以上的发言，现在降到了几十条；

Why：这可能是因为群里人员水平高低不齐，话题价值不一，越来越多的感到人疲累了。

这样，就将“前员工俱乐部最近不温不火”的问题具体化了。

2. 用5W2H法变革创新

在思维导图前，面对中央的“前员工俱乐部”6个大字，开始用5W2H法，围绕7个问题层层展开。甚至可以试着把这7个问题中的每一个，继续深入4个层次，寻找创新机会。比如Why：成立前员工俱乐部的原因是什么？第一层深入：因为要保持和前员工的联系；第二层深入：为什么要保持和前员工的联系？因为希望前员工帮助推广产品，推荐员工，给新产品提意见；第三层深入：有更合适地实现这些目标的方法吗？有，比如邀请其中一些真正有影响力、有能力的成为“荣誉顾问”；第四层深入：为什么这么做更合适？因为避免了很多无效沟通。

在“前员工俱乐部”的基础上，设计了更有效的“荣誉顾问”计划。

3. 用5W2H法分配任务

会议结束时一定要带着3W（Who、What、When）离开。这个3W，其实就是5W2H的一个子集。比如：“李雷，帮我调查前员工俱乐部的现状，明天向我汇报。”这是3W。更缜密一些呢：“李雷，老板希望改善前员工俱乐部的运营，你先帮我调查一下现状，列出好的10点，不好的10点。明天下午4点，在我办公室汇报。你可以找韩梅梅帮你一下。”

（三）5W2H分析法的应用程序

5W2H法的应用程序：以检查原产品的合理性为例进行说明。

1. 检查原产品的合理性

（1）为什么（Why）

为什么要采用这个技术参数？为什么不能有任何噪声？为什么停止使用？为什么变成红色？为什么要做成这样？为什么要使用机器代替人力？为什么产品的制造需要经过如此多的步骤？为什么必须这样做？

（2）做什么（What）

条件是什么？哪些工作需要完成？目标是什么？重点是什么？与什么有关联？功能是什么？规范是什么？工作对象是什么？

（3）谁（Who）

谁能够提供最优质的服务？谁能够生产出最高质量的产品？谁是顾客？谁被忽视了？谁是决策者？谁将受益？

（4）何时（When）

完成任务的时机是什么？安装完成后，销售何时开始？什么时候是最佳营业时间？完成的时间是否合理？需要多长时间才能达到预期效果？

（5）何地（Where）

在哪里生长最适合某物，在哪里生产最经济？从哪里购买？有哪些地方可以作为销售点？安装在哪里最合适？哪里有资源可供利用？

（6）怎样（How）

如何节省时间？如何提高效率？如何改善质量？如何获得成功？如何避免失败？如何寻求发展？如何增加销路？如何使产品更加美观大方？如何使用起来更加便捷？

（7）多少（How much）

功能指标是什么？销售额如何？成本如何？输出功率如何？效率如何？尺寸如何？重量如何？

2．找出主要优缺点

当一种新的技术和产品通过 7 个问题的严格检验后，就可以断定它是可靠的。但是，如果在 7 个问题中有一个没有达到预期的标准，那么就应该考虑在技术和产品上进一步完善。

3．决定设计新产品

克服原产品的缺点，扩大原产品独特优点的效用。5W2H 的思维方式可以使管理精确化、数字化。在做任何事情时，避免盲目性或感情用事。在审查产品或者改善产品时，启用 5W2H 分析法可以看到产品是否有价值、是否值得生产。

【案例分析】5W2H 法改进机场超市

某航空公司在机场候机室二楼设立了超市，生意相当惨淡。公司经理用“5W2H”法检查问题究竟出在哪里，结果发现“Who”“Where”及“When”3方面存在问题。

① Who：谁是顾客？机场超市应该将前往机场的旅客视为主要客户，而不是将其作为次要客户。二楼的客户大多数是送客或接客，他们可以选择在市内的大

型商场购物，而无须前往机场购物。

② Where：超市设置在何处？原来，旅客出入境时，只需要从一楼左右两侧走，而不需要经过二楼，因此，超市没有设置在必经之路上。

③ When：何时购物？当旅客出境时，他们可以在机场安排的时间内，在海关检查完毕并将行李交付航空公司后，在超市里购物。这样，旅客就可以在机场安排的时间内，自由地购物。

根据以上分析，超市的生意不佳的原因可能包括：①缺乏准确的目标消费群体；②超市没有位于旅客必经的路线上；③旅客缺乏购物的时间。为了解决这些问题，我们需要重新确定服务对象，并调整海关检查的路线和行李交付时间。

七、Scrum 管理法

Scrum 是橄榄球比赛中“争球”的意思，可以理解为争球时的敏捷、激情和你争我抢。该方法是广泛应用于 IT 界的一套项目管理工具。

Scrum 是 3 个角色（产品负责人、Scrum 专家、团队成员）、4 个仪式（冲刺计划会、每日站会、冲刺评审会、冲刺回顾会）和 3 个物件（产品积压、冲刺积压、燃尽图）组成的一套项目管理方法。

首先，要有一份“产品积压”。积压，就是需要紧急处理的需求清单。然后，举行冲刺计划会。“冲刺”，是一次竭尽全力的短跑。Scrum 的核心，是把整个项目分成若干个冲刺周期，每次 2～4 周，冲完一次再来一次。产品负责人召开冲刺计划会，定下 3 件事：冲刺目标、冲刺方法和分配任务。然后把目标、方法、分配画在白色的看板上，作为团队最重要的工作台。

在每日站会的紧张感和剩余任务逐渐燃尽的成就感中一轮冲刺结束，开启冲刺评审和冲刺回顾会。冲刺评审会由产品负责人主持，一起审阅产品。冲刺回顾会讨论开始做什么、停止什么、继续做什么。

Scrum 的本质是把一次漫长的长跑分割成一段段全力以赴的冲刺，通过流程提高效率。

第三章 “互联网 +”概论

当今时代，互联网与每个人都息息相关。美国英特尔公司的安迪·格罗弗（Andy Grove）说：“互联网就像迎面而来的卡亚斯克飓风，以6米多高的浪潮袭击着我们。这场暴风雨经过太平洋数千里的能量积蓄，足以使你腾空而起，再将你重重摔下。互联网影响着我们每个人的生活。”[①] 随着“互联网 +”的不断发展，“互联网 +”创业模式成为一种商业潮流，本章从走进“互联网 +”时代、解读“互联网 +”商业环境和起航“互联网 +”创业，详细论述了“互联网 +”概论。

第一节 走进“互联网 +”时代

一、互联网的含义及其发展历程

互联网的英文名是“Internet”，其中，“Inter”是指“交互的、互动的”，“net”是指“一种为某一特殊目的而组建的网络”。[②] 总的来看，互联网是指网络与网络之间所串连成的庞大网络。

互联网的发展经历了一个历史过程。今天的互联网，始于美国国防部高级研究计划局（DARPA）的前身 ARPA（美国国防部高级研究计划署）所建立的“阿帕网”（ARPANET）。1969 年，阿帕网正式启用，最初用于军事目的，有“支持资源共享”“采用分布式控制技术、分组交换技术和分层的网络通信协议”“使用通信控制处理机”等特点。同年，ARPA 连接了加利福尼亚大学洛杉矶分校、加利福尼亚大学、斯坦福大学和犹他大学的四台主要计算机。1970 年，麻省理工学

① 约翰．诺顿．互联网：从神话到现实 [M]. 朱萍，茅庆征，张雅珍，译．南京：江苏人民出版社，2001：22.

② 陈文江，黄少华．互联网与社会学 [M]. 兰州：兰州大学出版社，2001:30—32.

院、哈佛大学、雷神 BBN 科技公司和 SDC（圣达菲国际公司）加入进来。1972 年阿帕网在首届计算机后台通信国际会议上被公之于众。由此，阿帕网标志着现代计算机网络的诞生。当时，阿帕网虽然有几十个计算机网络，但不同网络之间尚且不能互通。后来，ARPA 设立了新的研究项目，旨在运用一种新的方法把不同的计算机局域网互联，形成“互联网”(Internet)。1974 年，连接分组网络的协议出现，其中包括 TCP/IP 协议。1982 年，ARPA 在 TCP/IP 协议下选定 Internet 为主要的计算机通信系统。1986 年，美国国家科学基金（NSF）把分布在美国各地的 6 个科研教育服务的超级计算机中心进行互联，形成 NSFNET。1988 年，NSFNET 代替了 ARPAnet 成为 Internet 的主干网。1989 年，互联网检索服务出现，并可以做到让任何一个互联网的使用者使用。从 20 世纪 90 年代开始，伴随商业网络的发展，实现了不经过由政府资助的网络中枢，直接将信息由一个商业站点传输到另一个商业站点。1992 年，美国 IBM 公司、MCI 公司、MERIT 公司联合组建了一个高级网络服务公司（ANS），建成了新的网络 ANSNET，并使 ANSNET 成为 Internet 的另一主干网。NSFNET 与 ANSNET 均为 Internet 的主干网，但 NSFNET 由国家出资建立，ANSNET 则是 ANS 所有。ANSNET 的建成，开启了 Internet 走向商业化的进程。1995 年，NSFNET 被正式宣布停止运作。伴随“美国在线”等开始了网上服务，微软开始全面进入浏览器、服务器及互联网服务提供商等市场，互联网的发展进入突飞猛进的时期。如今，互联网已经发展成为基于 TCP/IP 协议族的国际互联网络。

20 世纪 80 年代中后期，中国科研人员在国外同行的协助下尝试利用互联网。1986 年，中国科学院高能物理研究所等国内科研单位开始通过长途电话拨号的方式到欧洲的一些国家进行联机数据库检索，并开始通过这些国家与国际互联网连接。同年，北京市计算机应用技术研究所和德国卡尔斯鲁厄理工学院合作启动中国学术网（CANET）项目。1987 年，中国第一个国际互联网电子邮件节点在中国学术网正式建成，并向世界发出中国的第一封电子邮件。1988 年，中国公用数据网 ChinaPAC（X.25）正式开通，并同法国、德国等国家公用数据网络（X.25）进行跨国连接（X.75）。中国公用数据网的覆盖范围涉及北京、上海、成都、南京、深圳、武汉、西安等城市，实现了国内外的初步网络连接。1990 年，钱天白教授代表中国正式在国际上注册登记了代表中国的全球顶级域名“.CN”，并开通了使用“.CN”的国际电子邮件服务，标志中国在网络世界开始有了自己国家的身份标识。1994年，中国代表团在中美科技合作联委会会议上与美国国家科学基金会就中国接入国际互联网达成一致意见。同年，北京中关村地区教育与科研示范网实现同国际互联网的全功能连接，标志中国正式接入国际互联网。

1997年，国家信息化“九五”规划中，把互联网列入国家信息基础设施建设的内容，提出通过大力发展互联网产业，推进国民经济信息化进程。同年，党的十五大提出，发展新兴产业和高技术产业，推进国民经济信息化。2002年，党的十六大提出，坚持以信息化带动工业化，以工业化促进信息化，走出一条新型工业化路子，将大力推进信息化作为经济建设和经济体制改革的重要方面。2006年，党和国家制定的《2006—2020年国家信息化发展战略》进一步明确了互联网发展的重点方面。2007年，党的十七大提出，全面认识信息化的新形势新任务，大力推进信息化与工业化融合。2012年，党的十八大提出，坚持走中国特色新型信息化道路，促进工业化、信息化、城镇化、农业现代化同步发展，指明了新的历史条件下新型信息化的发展方向。2015年，党的十八届五中全会提出，拓展网络经济空间，实施“互联网＋”行动计划。2016年，国家制定的《中华人民共和国国民经济和社会发展第十三个五年规划纲要》细化了超前布局下一代互联网、发展现代互联网产业体系等互联网领域的发展规划，提出促进互联网深度广泛应用，带动生产模式和组织方式变革，夯实互联网应用基础，加快多领域互联网融合发展，推进基于互联网的商业、服务、管理及供应链、物流链等各类创新，引导大型互联网企业向小微企业和创业团队开放创新资源，鼓励搭建资源开放共享平台，形成网络化、智能化、服务化、协同化的产业发展新形态。同年，国家制定的《“十三五”国家信息化规划》，提出到2020年，固定宽带家庭普及率达到中等发达国家水平，第三代移动通信（3G）覆盖全国所有乡镇、第四代移动通信（4G）商用全面铺开，第五代移动通信（5G）研发步入全球领先梯队，“数字中国”建设取得显著成效，信息化发展水平大幅跃升，信息化能力跻身国际前列。

二、“互联网 +”的含义

2015 年，国务院出台《国务院关于积极推进“互联网 +”行动的指导意见》，对推进“互联网 +”行动的总体思路、基本原则、发展目标、重点行动、保障支撑等进行了系统要求。在政府的推进下，“互联网 +”的发展目标定位为：到 2018 年，互联网与经济社会各领域的融合发展进一步深化，基于互联网的新业态成为新的经济增长动力，互联网支撑大众创业、万众创新的作用进一步增强，成为提供公共服务的重要手段，网络经济与实体经济协同互动的发展格局基本形成，实现经济发展进一步提质增效、社会服务进一步便捷普惠、基础支撑进一步夯实提升、发展环境进一步开放包容；到 2025 年，网络化、智能化、服务化、协同化的“互联网 +”产业生态体系基本完善，“互联网 +”新经济形态初步形成，成为经济社会创新发展的重要驱动力量。此外，“互联网 +”现象也随处可见。淘宝网运行模式体现“互联网 + 传统集市”，美团外卖运行模式体现“互联网 + 传统餐饮”，支付宝运行模式体现“互联网 + 传统银行”，滴滴打车运行模式体现“互联网 + 传统交通”……“互联网 +”已成为时代发展的重要命题。

对于“互联网 +”的含义，可以从其概念、功能、领域等方面进行理解和把握。首先，从概念来看，“互联网 +”是把互联网的创新成果与经济社会各领域深度融合，推动组织变革、技术进步和效率提升，提升实体经济创新力和生产力，形成更广泛的以互联网为基础设施和创新要素的经济社会发展新形态。其次，从功能来看，“互联网 +”顺应世界互联网发展的大趋势，有利于发挥好中国互联网的规模优势和应用优势，推动互联网由消费领域向生产领域拓展，加速提升产业发展水平，增强各行业创新能力，构筑经济社会发展新优势和新动能。最后，从领域来看，“互联网 +”涉及创业创新、协同制造、现代农业、智慧能源、普惠金融、益民服务、高效物流、电子商务、便捷交通、绿色生态、人工智能等诸多方面。习近平总书记在网络安全和信息化工作座谈会上指出：“我国经济发展进入新常态，新常态要有新动力，互联网在这方面可以大有作为。”今后，“互联网 +”作为中国经济社会发展的重要方面，会不断深化互联网与经济社会各领域的融合发展，增强互联网发展对经济社会发展的贡献力。

三、“互联网＋”的发展趋势

在当今时代，互联网的发展极其迅速、影响极其巨大。据麦肯锡公司预计，2013—2025年，互联网在中国GDP增长中的贡献可能达到7 %～22 %。在此背景下，“互联网＋”逐渐兴起，以强劲的发展势头改变着经济社会的原有格局。“互联网＋”发展的动力得益于四个方面：一是基于新信息通信技术的基础设施形成；二是大数据资源获取的便捷化；三是形成围绕“互联网＋”的产业分工形态；四是各类消费行为的数字化。从本质上看，“互联网＋”发展离不开创新。“互联网＋”是对创新2.0时代新一代信息技术与创新2.0相互作用共同演化推进经济社会发展新形态的高度概括。在时代发展的大背景下，互联网及其相关行业的创新步伐在不断加快，技术、产品、平台更新的周期不断缩短，“互联网＋”的内容和形式也在不断创新。“互联网＋”体现了互联网思维、技术、人才等要素投入到其他领域中，然后通过原始创新或集成创新等方式创造出新的产品，使互联网与其他领域实现协同发展的形式。

“互联网＋”目前已渗透到教育、农业、能源、金融、交通、公共管理、电子商务等诸多领域，互联网与每一个领域的具体结合，既能够为传统行业的发展转型带来新动力，也能为“互联网＋”的发展带来更多机遇。同时，“互联网＋”会更好地与智能汽车、智能家居、智能穿戴等新兴科技相结合，更好地融入人们的日常生产、生活中。今后，移动互联网将会成为“互联网＋”的主战场。移动互联网与PC互联网不同，它的终端是移动设备，其流动性较PC电脑强，使得映射在这些终端上的用户行为发生的时空更加自由。目前，移动互联网已从“高速发展”“粗放扩张”“业务改造”“要素整合”转向“稳健发展”“深耕细作”“模式创新”“平台融合”，向流量入口更加垂直多元、移动网络空间管理体系不断完善、移动大数据对企业服务和公共服务的贡献力增强、移动互联网向智慧物联网转变等方向发展。此外，“互联网＋”会通过互联网、云计算、大数据等，推进新一代信息技术的发展，带来传统产业的全面升级、公共服务的优化完善、专业互联网服务商的崛起、O2O（线上与线下Online to Offline）销售模式的热门等正向效应，为大众创业、万众创新的新时代发展提供技术、平台、产品等要素支持。

第二节 解读“互联网 +”商业环境

一、“互联网 +”的特点

互联网作为一种新兴技术手段，同 100 多年前的电力技术、200 多年前的蒸汽机技术一样，对人类经济社会发展产生了持续而深刻的影响。“互联网 +”依托互联网，改变着人们的生产方式、生活方式、交往方式和思维方式。当今，“互联网 +”在推进经济社会发展的同时主要呈现出以下特点。

第一，融合性。“互联网 +”旨在将多个实践领域的数据融合到一起，“互联网 +”则以互联网为基础，将各个领域的信息和知识有机结合起来，从而实现跨越时空的融合。其一，它的融合性使得它能够更好地满足各种需求。这种融合不是互联网和传统行业的简单结合，而是一种深度的、协作的发展模式。比如，“互联网 +”协同制造，通过推动互联网与制造业融合，发展智能制造和大规模个性化定制，提升网络化协同制造水平，加速制造业服务化转型，加强产业链协作，发展基于互联网的协同制造新模式；“互联网 +”益民服务，通过发展以互联网为载体，线上线下互动的新兴消费，提高资源利用效率，降低服务消费成本，增强基于互联网的医疗、健康、养老、教育、旅游、社会保障等新兴服务的可及性和有效性。其二，数据的融合性。伴随互联网技术的发展，大量的数据被挖掘出来，特别是伴随移动互联网的发展，大数据不断增加。美国 IBM 公司将大数据定义为 4 个“V”，即大量化（Volume）、多样化（Variety）、快速化（Velocity）以及由此产生的价值（Value）。事实上，“互联网 +”是在线化、数据化的过程。互联网广告、网络营销、跨境电商、网约打车等，都是实现交易的在线化。在此过程中，人们的行为、商品和交易活动都已经迁移到互联网上，形成了庞大的数据。“互联网 +”利用这些大数据，将不同类型的信息进行融合，使其价值得到充分发挥，并且能够以较低的成本实现储存、流动和交换。

第二，虚拟性。伴随信息时代的发展，计算机与互联网为人们带来了一个新的实践领域，即虚拟实践。虚拟实践使人们的实践对象突破了外部物质条件的直接限制，将数字化的符号作为实践的中介，使各类信息通过计算机系统进行数字化处理，可以让人们置身于虚拟现实中。“互联网＋”是现实实践与虚拟实践的复合，呈现出虚拟性。其一，空间上的虚拟性。互联网建构起了一个内容庞大、结构复杂的虚拟空间。虚拟空间的使用者在信息交流过程中，可以不受自身所处的空间位置、特定主体设定的信息交往议题等的限制而自主选择信息交往议题；可以不以某一特定信息源和传播途径为中心，而在海量信息中自主选择信息源和凭借多种手段自主选择信息传播途径。“互联网＋”实质上是“虚拟空间＋”，即使虚拟空间与现实空间中的实践要素相结合，使这些要素的信息能够超越地域限制，在虚拟空间中实现跨区域流动，还使虚拟空间摆脱“绝对虚幻的外衣”，从而与人们的生产生活紧密结合。其二，时间上的虚拟性。一般而言，人们只能在一个特定的时期活动。而在虚拟空间中，人们则会超越时间的限制，实现与过去和未来的“对话”。“互联网＋”可以运用数字手段，以虚拟实践的形式模拟以往发生过的事件、未来可能发生的事件，并且使人们能够身临其境地阅读、观赏和感知它们。比如，发展基于互联网的人类文化遗产旅游服务，既可以立体地展现人类文化遗产的保存和保护现状，又可以多角度呈现人类文化遗产过去的样态，使其服务对象能够全面体悟人类文化遗产的过去与现在，也使人类文化遗产在虚拟空间中更好实现历史价值、经济价值和社会价值。

第三，发展性。“互联网＋”并非一个封闭的体系，其内容、形式具有发展性。一方面是内容上的发展性。“互联网＋”发展的现实基础是互联网技术、产业、应用以及跨界融合等方面取得的诸多成果，其问题导向是传统企业运用互联网的意识和能力不足、互联网企业对传统产业理解不够深入、新业态发展面临体制机制障碍、跨界融合型人才严重匮乏等。伴随“互联网＋”的推进，互联网与各领域会不断实现融合和创新发展。在此过程中，“互联网＋”依托的成果会不断丰富、涵盖的领域会不断拓展、涉及的区域会不断扩大、创造的效益会不断提升，并且更好地推进互联网发展的思维方式、技术手段、经济成果向经济社会各领域加速渗透，更好地引导各类经济要素向实体经济集聚，以融合促创新，从而对稳增长、促改革、调结构、惠民生、防风险的贡献力会不断增强。另一方面是形式上的发展性。“互联网＋”利用的是信息通信技术及互联网平台。当今，信息通信技术的快速发展和广泛应用成为时代变迁的决定性力量。高难度模式识别、复杂沟通等领域难以逾越的高峰逐渐被征服。依托大数据、智能设备和互联网等媒介，许多现代企业实现了对生产过程和产品的自动化控制。伴随全球新一轮科技革命和产业变革的推进、信息通信技术及互联网平台的发展，互联网与经济社会各领域深度融合的实现方式、技术手段也会不断进步，以互联网为基础设施和创新要素的经济社会发展会呈现时代性、技术性更强的新形态。

此外，“互联网 +”还有时间上的即时性、运用上的便捷性、主体上的多元性等特点。

二、“互联网 +”商业环境的新视野

1. 在互联网时代，信息的连接方式具有关键的作用

随着互联网的发展和信息连接方式的拓展，人们的视力、听力和思维力等得到延伸，获取、研判和传播信息的媒介也得到拓宽。互联网通过不同的连接方式，将海量的信息联系在一起，促使组织与组织的联络方式、人与人的沟通方式发生变革，降低了组织之间的联络成本、个体之间的沟通成本，从而更好地满足人们日益增长、多样发展的各种需要，也让人们顺应互联网发展的时代要求而改变行为习惯。在此过程中，信息的连接呈现出以下特点：一是信息传播的成本偏低、速度较快，不依靠支付一定成本的电话、传真、报刊、电视、广播等渠道，仅基于互联网接入设备和连接线路就可以实现组织与组织、人与人之间的信息即时传播；二是信息连接的距离较短，超越传统商业模式下产品销售经历消费者“认知—接受—消费欲望产生—消费行为选择—消费”的过程，通过互联网构建的社交平台、企业消费平台就可以实现企业与消费者的实时互动，促进产品生产和消费需求之间的快速、便捷对接，大大缩短销售渠道；三是信息连接由线状发展为网状，超越传统商业模式下“产品设计—产品供应—销售渠道—价值创造”各环节之间下一环节服务上一环节的直线式信息连接方式，获得消费者的信息不再需要经过冗长而连贯的环节，仅通过互联网平台就可以让企业快速了解和判断消费者对产品的需求，并且让消费者能够依托互联网平台自主参与产品的设计与供应，从而在互联网条件下整合产品生产与消费所需要的信息资源。

2. “互联网 +”使企业商业活动的信息连接得到改变

而“互联网 +”的意义在于，利用互联网技术和平台打破企业交易中的信息不对称环节，去除价值链上由信息不对称环节产生的交易环节，提升企业经济活

动的效率。首先，互联网传播信息的速度极其迅速、范围极其广泛，可以为企业生产活动提供大数据支撑，削弱企业获取信息的不对称性；其次，互联网的使用极其便捷，可以降低企业连接信息的成本；最后，互联网的使用范围极其宽泛，可以较为全面、准确地反映消费者的消费信息，使企业更好地实现精准化生产，从而促进供需平衡。

3．“互联网＋”商业环境有其内在过程

一般而言，商业活动包括“销售—生产—供应”过程。首先，在销售过程中，企业与消费者实现信息连接，通过一定交易渠道实现产品的推广和品牌的塑造。其次，在生产过程中，企业对生产者、生产资料、资本等各类生产要素进行整合、连接和使用，形成具备一定功能的人才流、物流、资金流和信息流。最后，在供应过程中，企业基于对各类生产要素的连接，塑造由“劳动力供应—产品供应—资金供应”等构成的供应链，形成交易，其中，销售过程和供应过程是企业的外部交易，是企业在外部商业活动中的信息连接过程；生产过程是企业的内部交易，是企业在内部生产活动中人才流、物流、资金流和信息流的信息连接过程。事实上，企业在市场上供给产品，通过自身的价值创造实现与原料供应商、产品消费者的交易。就“互联网＋”而言，其运用互联网实现信息连接由线状到网状的发展，可以使“销售—生产—供应”过程中的信息连接更为便捷，还可以使各个过程中的信息实现交换、互动。总之，“互联网＋”充分发挥了互联网的技术优势、平台优势，改变了企业的活动方式，可以使企业商业活动中的信息连接实现快速化、广泛化、网状化，使企业在外部商业活动和内部生产活动中减小信息不对称的可能性，并改变传统的线下沟通的信息连接方式，通过线上与线上、线上与线下的网状沟通拓展信息连接途径。同时，“互联网＋”还改变了人与人的沟通方式，将所有的物、事和人打上了信息的标签，在商业活动中通过信息连接形成诸多类型的大数据资源，为商业活动的开展提供信息支持。

4．“互联网＋”商业环境是对传统商业环境的革新

在“互联网＋”条件下，互联网有助于降低企业的交易成本。第一，互联网改变了传统商业模式下企业与消费者的信息连接方式，打破了传统销售渠道中需求信息反馈不足的局面，使生产者与消费者之间、消费者群体之间产生便捷的信

息联系。第二，互联网改变了传统商业模式下生产要素的连接方式，打破了传统生产过程中生产者、生产资料、资本等单点、直线连接的局面，使它们实现网状连接，大大减少了企业内部的资源配置和流通成本。第三，互联网改变了传统商业模式下企业内部的信息连接方式，打破了以往的科层组织体系以及企业与员工和员工与员工之间的直接沟通形式，使企业内部的沟通网络化，可以优化企业的组织结构、畅通企业与员工和员工与员工之间的沟通渠道，节约企业内部信息连接的时间成本和空间成本。第四，互联网改变了传统商业模式下企业与原料供应商之间的信息连接方式，打破了企业与原料供应商之间信息不对称的局面，有助于企业制定最优的原料采购、利用方案，节约原料交易成本，提高原料利用效率。此外，“互联网 +”还实现商业思维方式由线性思维转变为网状思维、商业模式由盈利—利益创造转变为需求创造—供求一体、盈利模式由单一产品—消费者转变为产品—消费者—消费社区—需求链—消费需求圈、商业渠道由线下转变为线上与线下结合、产品生产由供应链导向转变为需求链导向、产品研发由企业自行设计转变为企业—消费者共同参与等等。

第三节 起航“互联网 +”创业

一、“互联网 +”创业的基本认识

“创业”是一种实践过程，在古今中外皆存在。前文在中国古代，“创业”一词最早出现在《孟子·梁惠王章句下》，“君子创业垂统，为可继也。”此处的“创业”是指“开创基业”。在英文中，“创业”一词有两种表达方式：一是“entrepreneurship”，一是“enterprise”。这两个词可以互换，但“entrepreneurship”的使用较广，它的意思是“事业、创业、进取心。”美国经济学家约瑟夫·熊彼特（Joseph Alois Schumpeter）提出了现代意义上的“创业”概念，认为“称之为创业的是执行一些新的组合，执行这些组合的人就是创业者。”具体而言，“新的组合”涵盖“开发新的产品”“采用新的生产方法”“开辟新的

市场”“寻求新的供给来源”和“实现新的组织形式”。[①] 美国的创业教育之父杰弗里·蒂蒙斯（Jeffry A. Timmons）认为：“创业是一种思考、推理，并结合运气的行为方式，它为运气带来的机会所驱动，需要在方法上全盘考虑并拥有和谐的领导能力。”霍华德·斯蒂文森（Howard Stevenson）、迈克尔·罗伯特（Michael Roberts）、欧文·格劳斯贝科（Irving Grousbeck）则认为：“创业是不管是独立的还是在一个组织内部的一个人，依靠运气追踪和捕捉机会的过程，这一过程与当时控制的资源无关。”[②] 在《现代汉语词典》中，“创业”一词的解释是“创办事业”。迄今为止，虽然创业研究取得了诸多成果，但对“创业”含义的理解并不一致，经济学、社会学、心理学、思想政治教育学等都试图从各自的领域出发来理解“创业”。综合来看，创业就是特定主体开创事业、自主开拓和创造成就的实践过程，其中，特定主体即“创业者”是“经济活动过程中的代理人”[③]，是创业实践的主导人，应该具备勇于冒险、吃苦耐劳、认真负责、团结合作等多项优秀创业精神和优良道德品质，同时要具备自我学习和善于研判与把握机会的能力。

现在，随着云计算、大数据、移动互联网、人工智能等新一代信息通信技术的飞速发展，创业迎来了新的实现形态，即“互联网＋”创业。2015 年，国务院出台的《关于积极推进“互联网＋”行动的指导意见》将“‘互联网＋’创业创新”作为积极推进“互联网＋”的重点行动，提出“充分发挥互联网的创新驱动作用，以促进创业创新为重点，推动各类要素资源聚集、开放和共享，大力发展众创空间、开放式创新等，引导和推动全社会形成大众创业、万众创新的浓厚氛围，打造经济发展新引擎”，从资源支撑、空间塑造等方面强调鼓励有条件的企业利用技术优势、产业整合能力开放创业支撑资源，为创业提供工具研发、经营管理和市场营销等方面的支持和服务，培育和孵化具有良好商业模式的创业团队，完善企业公共服务平台网络，集聚创业创新资源；调动全社会力量，支持创客空间、智慧小企业创业基地等新型众创空间发展，大力构建创新与创业相结合、线

① 约瑟夫·熊彼特．经济发展理论[M]．何畏，易家详，张军扩，等．北京：商务印书馆，1990：73—67.

② 杜永红，梁林蒙．大学生创新创业教育：基于互联网＋视角[M]．北京：清华大学出版社，2016：03.

③ 傅兆麟，谢红霞，兰西秀．普通高校大学生创业与成功教育教程[M]．合肥：中国科学技术大学出版社，2009.

上与线下相结合、孵化与投资相结合的众创空间，旨在为创业者提供低成本、便利化、全要素的工作空间、网络空间、社交空间和资源共享空间，积极发展“互联网 +”创业网络体系。2016 年，国家制定的《中华人民共和国国民经济和社会发展第十三个五年规划纲要》在“深化推进大众创业万众创新”部分提出“把大众创业万众创新融入发展各领域各环节”“依托互联网拓宽市场资源、社会需求与创业创新对接通道”。现在，“互联网 +”创业已成为“互联网 +”发展的一个重要领域，为经济新常态下打造经济发展新引擎起着至关重要的作用。

如今，“互联网 +”大学生创业构成“互联网 +”创业的重要组成部分。《国家中长期教育改革和发展规划纲要（2010—2020）》提出，要加强对大学生的创业教育。随后，教育部先后实施了“国家级大学生创新创业训练计划”“大学生人才培养模式创新实验区”等项目，推进将创业课程作为大学生的必修课。2017 年，国家制定的《国家教育事业发展“十三五”规划》提出服务国家“互联网 +”行动，大力发展移动互联网、云计算、大数据等新兴学科专业，并在“大力促进高校毕业生就业创业”部分提出：“进一步完善就业创业服务体系，充分利用‘互联网 + 就业’新模式，建立精准就业服务机制，提高高校就业创业指导水平和服务能力。”在互联网高速发展的时代背景下，“互联网 +”创业有利于整合互联网技术和平台，调动大学生运用互联网的热情，发挥大学生思维活跃、易于接受新事物的优势，为大学生开展自主创业提供机会和平台，并在“互联网 +”商业环境下为大学生提供门槛较低的创业条件，既助力于大学生在积极参与“互联网 +”创业的实践中实现职业发展目标，又能更好地为经济社会发展贡献力量。

二、“互联网 +”创业面临的挑战

“互联网 +”创业在面临诸多机遇的同时，也面临一些挑战。主要是经济社会发展水平不足的反映，具体包括以下三个方面。

第一，经济新常态下“互联网 +”创业面临的挑战。经济新常态适逢中国经济的增长速度换挡期、结构调整阵痛期和前期刺激政策消化期叠加，面临诸多问题。首先，经济增量依然可观，但经济上行压力明显、稳定经济增长任务繁重；其次，经济增长动力更为多元，但核心动力源仍需做强，户籍人口城镇化率大大低于常住人口城镇化率，中部、西部等省区工业化的发展空间较大，但科技体制改革、创新能力提升等仍需加强，仍需发展以依靠“技术红利”创造经济增长核心动力源的各项科学技术。再次，发展前景更加稳定，但经济结构转型升级空间仍然巨大，产业结构、需求结构、区域结构、城乡结构、收入分配结构等仍需进一步调整；最后，市场活力进一步释放，但政府职能仍需进一步转变，一些职能部门过度干预企业经营管理，“红顶中介”、寻租腐败等现象也需进一步遏制。这些问题对“互联网＋”创业造成挑战，削弱了产业结构、需求结构、城乡结构、技术条件、政策环境、行政效能等对“互联网＋”创业的支撑作用。

第二，大学生个人素质问题为“互联网＋”创业带来的挑战。就参与“互联网＋”创业而言，大学生在个人素质上存在一些问题，包括缺乏必要的社会经验、职业经历、信息素养、灵活运用专业知识的能力及心理承受能力等。受这些问题的影响，大学生会面临“虽然能够熟练运用互联网但对其主要技术掌握不足”“有自主创业想法，但难以找到合适的创业切口”“不知如何将所学知识与创业联系在一起”“虽然政府有创业融资支持但支持力度不足，自身资金筹措困难”“社会经验少以致缺乏必要的承担风险能力、创新能力、领导能力、决策能力”“对市场信息的把握和预测不足”“商业人脉缺乏”等挑战，① 制约他们在短时间内有效地参与“互联网＋”创业实践。

第三，大学生创业教育问题为“互联网＋”创业带来的挑战。与发达国家相比，我国开展创业教育起步较晚，尚未形成科学有效的创业教育体系，大学生创业教育仍然存在问题，包括教育方式有待改进，创业教育的教师掌握的“互联网＋”知识以及对这些知识的应用能力有待提高，创业实践教学的教材相对缺乏，创业教育的过程缺乏完备的考评机制，等等。这些问题会一定程度上使大学生难以较好地接受全面系统的“互联网＋”创业教育，不利于大学生“互联网＋”创业能力的进一步提升。

三、“互联网＋”创业面临的机遇

当今，党和国家高度重视并大力推进“互联网＋”创业。习近平总书记指出：

---

① 杜永红，梁林蒙大学生创新创业教育：基于互联网＋视角[M]. 北京：清华大学出版社，2016：5-9.

“我们实施‘互联网 +’行动计划，带动全社会兴起了创新创业热潮，信息经济在我国国内生产总值中的占比不断攀升”“可以做好信息化和工业化深度融合这篇大文章，发展智能制造，带动更多人创新创业”①

《国务院关于大力推进大众创业万众创新若政策措施的意见》、《国务院关于积极推进“互联网 +”行动的指导意见》、《国务院关于做好当前和今后一段时期就业创业工作的意见》、《关于强化实施创新驱动发展战略进一步推进大众创业万众创新深入发展的意见》等国家和地方层面的各类政策措施，为“互联网 +”创业提供了良好的政策条件。同时，“互联网 +”创业还面临诸多机遇，主要包括以下几个方面。

第一，经济新常态为“互联网 +”创业带来的机遇。目前，中国经济已经进入新常态。2014 年 5 月，习近平总书记在河南考察时首次提出“新常态”。同年 11 月，习近平总书记在亚太经合组织（APEC）工商领导人峰会上首次系统阐述了“新常态”的含义，即“从高速增长转为中高速增长”“经济结构不断优化升级”“从要素驱动、投资驱动转向创新驱动”。经济新常态为“互联网 +”创业带来了诸多机遇。一是从消费需求来看，个性化、多样化消费渐成主流，消费潜力被不断释放，有利于为“互联网 +”创业带来更多的消费市场；二是从投资需求来看，基础设施互联互通和一些新技术、新产品、新业态、新商业模式的投资机会大量涌现，有利于破解投资障碍，为“互联网 +”创业提供更多的融资机会和渠道；三是从国际贸易来看，高水平引进来、大规模走出去正在同步发生，有利于为“互联网 +”创业拓展更多的国内外市场和发展机会；四是从产业发展来看，产业结构不断优化升级，新兴产业、服务业、小微企业不断发展，产业组织发展呈现生产小型化、智能化、专业化的特点，有利于为“互联网 +”创业特别是小微企业创业提供产业环境支持；五是从生产要素来看，生产要素的规模驱动力减弱，经济增长更加突出人力、技术等资本因素驱动，有利于发挥“互联网 +”创业的人才、技术等优势，拓展发展空间；六是从资源环境来看，环境承载能力已经达到或接近上限，绿色低碳循环发展的新方式被大力推进，有利于发挥“互联网 +”创业的低碳、环保等优势，在经济结构绿色化转型的同时获得更多发展机会。

① 习近平 . 在网络安全和信息化工作座谈会上的讲话 [N]. 人民日报 ,2016-04-26(002).

第二，“互联网＋”政策为“互联网＋”创业带来的机遇。政策的完善，有利于提升创业质量，更好地发挥互联网对创业的推动作用。2015年以来，国家出台了一系列积极推进“互联网＋”的政策。这些政策中不仅包括《国务院关于积极推进“互联网＋”行动的指导意见》这类系统性、全局性的制度文件，还包括“互联网＋”不同领域的政策文件。比如，《国务院关于印发“十三五”国家老龄事业发展和养老体系建设规划的通知》关涉“互联网＋养老”，《国务院关于印发“十三五”促进就业规划的通知》关涉“互联网＋就业”“互联网＋人力资源服务”“互联网＋现代农业”，等等。这些政策为“互联网＋”创业创造了良好的政策环境，既有助于为在相关领域开展创业实践提供有利的政策条件，又有助于塑造“互联网＋”全面发展的商业环境，从而增强“互联网＋”其他领域发展所产生的溢出效应，为“互联网＋”创业提供基础设施、技术、人才、资本等支持。

第三，网络文化发展为“互联网＋”创业带来的机遇。随着时代的发展，依托互联网、计算机、移动上网设备以及视频、图片、文本等构建起来的网络文化逐步发展起来。网络文化是建立在现代信息通信技术及网络经济基础上的文化创造活动及其成果，包括网络舆情动态、网络消费倾向以及与互联网密切相关的思维方式、知识结构、行为习惯、价值观念等。网络文化具有开放性、多样性、包容性、大众性的特点，既来源于现实文化，又区别于现实文化。从形式上看，网络文化可以分为三类：一是现实文化在互联网上的直接反映，如书籍、报刊、电视、音像制品等现实文化在互联网上直接呈现；二是现实文化与互联网相结合催生的新文化，如网络文学、虚拟种植、虚拟驾驶、虚拟旅游、虚拟经营等；三是互联网独有的文化，如网络博客文化、网络微博文化、网络游戏文化等。当今，网络文化的蓬勃发展，体现各种文化在互联网这一平台上的不断互动、交融，不仅为网络文化经济的发展提供了丰富的素材，还深刻影响着人们的思维方式、知识结构、行为习惯和价值观念，使人们善于、乐于运用互联网开展人际交往、知识学习、商务往来、日常消费等实践活动。网络文化的发展为“互联网＋”创业带来了良好的机遇，不仅有利于依托网络文化经济所创造的商业平台，拓展“互联网＋”创业的领域，使“互联网＋”创业向网络文化服务、网络文化展演、网络文化创意等方面延伸，还有利于培养善于运用互联网开展生产、创意实践的人才，形成惯于运用互联网开展生活、消费实践的消费者群体，为“互联网＋”创业提供必要的人才支撑和可观的消费市场。

第四，大学生个人素质提升为“互联网 +”创业带来的机遇。大学生个人素质的提升，为“互联网 +”创业提供了有力的主体动力。大学生思维活跃、精力充沛，认知、接受新事物迅速，对互联网、大数据等新事物有较强的领悟能力，自主学习知识的能力较强，具备利用互联网了解创业信息的能力，对人生发展充满自信，对认准要做的事情充满热情，创业也可以在不同程度上获得家庭或家族的支持，具有参与“互联网 +”创业的主体条件。在此背景下，大学生可以结合所学专业知识和创业知识，积极利用现有教学资源、经济资源和政策资源，寻找合作伙伴共同设计、实施创业计划，分担创业压力，在融资、技术、选址、营销、人力资源管理等方面作好必要的创业准备，解决创业决策及执行过程中存在的各种问题。尽量避免“别人怎么干，我就怎么干”“单枪匹马创业”“被一时的成功冲昏头脑”“短时间急切指望企业做大做强”“创业成果贪大贪多”等创业误区，更好地利用互联网技术和平台实现创业目标。

此外，信息通信技术的发展、大数据发展行动的推进、人才引进和落户政策的优化、劳动医疗社会保障体系的完善、“一带一路”倡议下对外贸易的拓展、金融体系改革的深入等，有利于从技术条件、数据信息、人才政策、健康医疗、社会保障、国际贸易、融资渠道等方面为“互联网 +”创业带来诸多机遇。

在国家“互联网 +”鼓励创新政策激励下，创业人才、创新需求和机会正在逐步增加，联动创业的特征凸显，在一定程度上，有利于为有创业梦想的人提供更宽广的平台，也有利于为创业者进行创业活动提供更加宽松的环境。2015 年 7 月，国务院出台的《关于积极推进“互联网 +”行动的指导意见》指出，“互联网 +”是把互联网的创新成果与经济社会各领域深度融合，推动技术进步、效率提升和组织变革，提升实体经济创新力和生产力，形成更广泛的以互联网为基础设施和创新要素的经济社会发展新形态。“互联网 +”背景下，创业机会空前增多，同时也带来新的挑战和风险，影响着创业机会、创业团队、创业资源、创业风险等内容。以滴滴出行为例，作为一种具有创新性的业态，通过互联网的方式将大数据与社会交通相结合，对出行方式进行了革新，更有利于解决城市交通、环保等问题。以前，黑车、拒载等打车乱象随处可见，用手机直接打车的生活难以想象。现在，滴滴出行实现了打车出行的网络化，将人、车、交通和生活方式互联互通，从而形成一个开放共享的生态圈。创业有利于缓解就业问题。以滴滴出行为例，目前该平台提供了超过 1300 万灵活就业机会，直接充分就业超过 100 万，日服务乘客达 1600 万人次，不仅提供了更多的工作机会，也在一定程度上提高了收入水平。“平台＋从业者”的新型组织模式，大大激活了交通资源、优化了交通市场结构，提高了从业者收入水平的同时为缓解城市拥堵、有效利用出行资源奠定了坚实的基础。实践证明，面对激烈的行业竞争，盲目的模式复制与照搬不利于将机会成功转化为价值。正如美国创业教育和研究机构的先驱者 Timmons（蒂蒙斯）教授提出：“我们正面临场无声的革命，人类的创新和创业精神在全世界取得了一场深刻的革命。我认为创业革命对 21 世纪所产生的深远影响将相当在 21 世纪，互联网已经成为中国企业转型和创业创新的关键要素。当下，大众创业、万众创新上升至国家战略层面，创业的“黄金时代”已然来临。应深刻意识到，为更好地实现创新驱动、理性创业，应紧抓“互联网＋”创业新契机，系统了解和学习创业团队、创业机会、创业资源、创业风险等方面的内容，提升自身开展“互联网＋”创业实践实现个人价值和社会价值的能力。

“互联网＋”旨在将互联网的创新成果与经济社会各领域紧密结合，通过技术、效率和组织的改革，促进实体经济的创新能力和生产力的提高，最终实现经济社会的全面发展，以互联网为基础设施和创新要素，构建一个全新的经济社会格局。“互联网＋”顺应世界互联网发展的大趋势，涉及创业创新、协同制造、现代农业、智慧能源、普惠金融、益民服务、高效物流、电子商务、便捷交通、绿色生态、人工智能等诸多方面。在“互联网＋”背景下，互联网呈现由消费领域向生产领域拓展的特征，这也有利于加速提升产业发展水平，增强各行业创新能力，在发挥中国互联网规模优势和应用优势的基础上，构筑经济社会发展新优势和新动能。未来，“互联网＋”会运用好智能汽车、智能家居、智能穿戴等新兴科技，更加接地气，更好走入人们的日常生产生活。移动互联网将会成为“互联网＋”的主战场。

“互联网＋”在推进经济社会发展的同时主要呈现出融合性、虚拟性、发展性等特点。在互联网时代，信息的连接方式起到关键的作用。“互联网＋”使企业商业活动的信息连接得到改变。“互联网＋”商业环境是对传统商业环境的革新。

创业就是特定主体开创事业、自主开拓和创造成就的实践过程。在当今时代，伴随云计算、大数据、移动互联网、人工智能等新一代信息通信技术的飞速发展，创业迎来了新的实现形态，即“互联网 +”创业。“互联网 +”大学生创业构成“互联网 +”创业的重要组成部分。

当今，党和国家高度重视并大力推进“互联网 +”创业，为“互联网 +”创业提供了良好的政策条件。经济新常态、“互联网 +”政策、网络文化发展、大学生个人素质提升、信息通信技术的发展、大数据发展行动的推进、人才引进和落户政策的优化、劳动医疗社会保障体系的完善、“一带一路”倡议下对外贸易的拓展、金融体系改革的深入等为“互联网 +”创业带来了诸多机遇。

第四章 “互联网 +”大学生创新创业教育课程体系

创新创业教育无疑是一种具有极强实践性的教育，它既需要在课堂上进行，也需要在现实生活中进行，这使得它与传统教育形成鲜明对比，因此，如何在高校中构建一门完善的创业教育课程，已经成为一个热门话题。“互联网 +”课程体系为大学生提供了一个全面的教育环境，它旨在帮助他们发挥自身的创造力，并且为他们提供一个更好的发展平台。该课程体系的目的是帮助他们更好地了解自己的能力，并且为他们的未来发展奠定基础。

第一节 大学生设置创新创业教育课程的目标

随着全球经济的飞速发展、社会的持续进步，人们的综合素养日益提高，因此，将创新创业教育作为一门重要的课程，必须从根本上加以实施，以满足当前市场的需求。为此，必须明确创新创业教育的核心理念，构建一套完备的创业教育课程体系，并且在此过程中，加强对教学方法的审查，运用保证教育的有效性。随着中国经济的快速发展，中国的创业教育也在不断深化，开展课堂教育、实践教育以及其他多种形式的教育方法，旨在培养出拥有创业技巧、创新思维的综合性人才。因此，高校的创新创业课程必须建立起一套完整的教学体系，而非仅仅停留在传统的技能培训阶段。高等院校开设的创新创业教育课程除了传授技能，更应注重培养学生的创业意识和创新精神。因此，高等院校开设创新创业教育的目标应包括以下两个方面。

一个方面是强化创业意识，提高创业技能，丰富大学生的创业知识。创业的核心素质包括个人的心态、专业技能、创造性思维等。必须通过创新的创业教育，来帮助大学生更好地了解当前的就业市场，并为他们的未来做好准备。深入了解当前中国的就业形势，抓住发展的机遇，鼓励更多的大学生参与创业，以期为社会带来更多的经济收益。同时，要培养学生勇于创新的精神，让他们从创新创业的课程中获得成功的素质。总之，经过创新创业教育，可以帮助学生树立起创业理念，营造出一个充满活力的创业环境，让他们在这个过程中体会到成功的喜悦，改变他们的创业思维，让他们把创业当成一项自己的事业。中国的大学生应当充分利用改革带来的机会，制订明确的创业计划，深入理解中国当前的发展趋势，勇敢地投身于创业的洪流中。因此，需要加强创新创业的教育，营造一个充满活力的创业环境，让学生深刻体会到创业的重要性，从而改变他们的就业观念，培养他们的创新精神，把握改革带来的机遇，勇敢地走上创业的道路。

另一个方面是对少数具有创新潜能的学生进行专门培养，使他们具有坚韧不拔的毅力，培养他们的创业勇气，提高他们的个性特征、业务能力和创业技巧。重点培养他们的决策能力、规划能力、应变能力、抽象思维能力及管理创新能力，同时也将强调他们在创业过程中所需的沟通技巧、团队协作精神等的培养。通过培养创业者的融资能力、领导力和企业家精神，帮助他们更好地处理资金流动中的各种挑战，并且能够更加镇定地应对突发情况，赢得团队成员的信任。创新创业教育目标的实现不是一朝一夕的事情，而是一个相对复杂的过程，这个过程必须通过实践来完成，在完成的过程中发现问题、分析问题、解决问题，最终促进创业目标的实现。

一、高校创新创业教育的共性目标

创业基本素质的培养是中国所有学校创新创业教育的共性目标。创业基本素质包含两个层面的含义，一是指先天因素，即通常所说的创业天赋，这是先天的遗传素质，也是创业的基础；二是身处社会环境中，通过后天的引导和影响而形成的创业相关素质。以上两个层面的创业基本素质在创业过程中都会表现出相对稳定的特征，为更清楚地认识中国高校创新创业教育的共性目标，本书从创业意识、创业知识、创业能力、创业品质 4 个方面进行阐述。

1. 创业意识

创业意识对于一个人的发展至关重要，它不仅反映出一个人的社会属性，而且还能够激发他的创造力和想象力，从而使他能够更好地实现自己的目标。它不仅涉及一种心理素质，而且还涉及一系列的技能，比如把握创业的基本动机、精准地分析创业行业。

2. 创业知识

创业知识是一个极其重要的概念，它涵盖了企业管理、营销策划、金融、法律法规等多个领域，它对于创业者来说至关重要，不仅可以拓宽创业者的视野，还可以改变创业的方向。因此，拥有充分的创业知识对于创业者来说至关重要，它们是决定创业成败的关键因素。

3. 创业能力

创业能力和创业意识是两个完全独立的概念，前者侧重于个人的智慧，而后者则更多地关注于个人的经验、技巧、经历以及社会环境等外部因素。只有拥有良好的创业技巧，并且拥有良好的创业意识，才能够更好地发挥自身的潜力，从而取得成功。创业需要具备多种技能，包括但不限于：果断的决断、高效的团队协作、出色的领导力及敏锐的洞察力。

4. 创业品质

创业品质是一种衡量一个企业能否成功的标准，它反映了企业家的道德水平和责任感。优秀的创业品质可以为企业提供持续发展的基础，并且可以帮助企业遵守相关的法律法规，从而获取更多的成功。拥有优秀的创业品质可以获得社会的广泛认可，需要拥有较强的社会责任意识。这种品质可以体现在创业者的思考方式、行动准则、社会责任意识，以及在遭遇挫折或失败时的心理调适能力等方面。

二、高校创新创业教育的个性目标

创新创业教育的核心目标是为学生提供一个良好的学习环境，以便他们能够更好地发挥自己的潜能，并且能够成功地完成创业任务。因此，在高校里，应该制定一系列具体的创新创业教育目标，以帮助学生更好地发挥自己的潜能，并取得成功。创新创业教育旨在激发学生的创造力，让他们掌握创业技巧，并利用当前的社会环境，构建一种全新的商业模式，从而实现他们的个人价值。因此，高校应该努力提供有效的创新创业教育，以帮助学生发掘自身潜力，实现自己的梦想。开创性教育涵盖了许多不同的领域，其中包括以下四点。

1.要有敏锐的洞察力和决策力

优秀的创业者需要拥有敏锐的洞察力，能够及时发现市场的变化，并且能够灵活运用这些信息，从而把握市场的机遇，并在激烈的市场竞争中占据上风。当面临创业抉择时，他们需要拥有独立思考的能力，并且要有良好的创新思维，从而作出明智的选择。

2.要有冒险精神和竞争意识

创业具有挑战性，因此，创业者需要深入了解市场动态，以便更加理智地把握新的商机，勇于挑战，勇于冒险，并且要做好失败的准备。他们需要明白，市场竞争日益激烈，因此，他们不仅要作好充足的准备，还要拥有勇气去迎接挑战，展示出超越竞争对手的精神。

3.要有坚强意志和创新能力

当面临挑战时，尤其是在初期阶段或发展瓶颈期，创业者需要坚持不懈，并充分发挥自己的优势，运用多种资源来解决问题。创业需要创新思维，勇于突破传统，才能取得成功。

4.要适应市场的变化，加强沟通

市场环境日新月异，创业者必须拥有足够的能力来适应不断变化的环境，从地理位置、政策制度到虚拟环境，都需要创业者拥有敏锐的洞察力和果断的决断力。作为优秀的创业者，他们不仅需要掌握全局，更需要拥有良好的领导能力，以便在复杂多变的创业环境中，能够更好地应对挑战，并且能够从中汲取经验教训，做出正确的决定。创业活动不是一个人的事情，而是需要与他人进行有效的交流，因此，创业者应该以友好的态度与他人交往，以及以善意的态度去对待每一位客户，以此来在市场经济的大环境中建立良好的人际关系，从而获得成功。

第二节　大学生创新创业教育课程体系现状分析

经过 10 多年的发展，国内的创新创业教育课程已经在各级各类高等院校普及。无论是体系建设、内容设置，还是学校的重视程度、学生的参与度等都取得了长足发展。由于地域、理念，不同类型高校的传统和现实情况的差异，创新创业教育课程建设也面临着须解决的问题。

一、创新创业教育课程体系初步形成

高校高度重视创新创业教育工作，已经初步形成了创新创业教育课程体系。课程覆盖面广、学生自主创业率逐年增长；注重大学生创业意识、创业精神和创业能力的培养，形成了多样化的课程体系；积极探索融合性课程，为培养高素质、高技能创业型人才提供新模式。

（一）课程覆盖面广

由于高校对创新创业教育的高度重视，创新创业教育课程已经广泛开设。北京部分高校开展的调研结果显示：在对“本校是否开展创新创业教育”的回答中，70 % 的学生选择“有”；在对“以何种形式开展”的回答中，43 % 的学生选择“选修的创业课程”，22 % 的学生选择“必修的创业课程”。据统计，有 90 % 以上的浙江高校开设了不同形式的创新创业教育课程，其中 70 % 左右的高校是以选修课的形式进行教学。[①] 从研究型大学到高职高专类院校，都开设了创新创业教育课程，尤其是在面向全体学生的公共选修课中加入创新创业教育模块使更多学生有机会接受创新创业教育，培养创业意识。

（二）课程体系多样

目前，国内部分高校已经形成了多样化的创新创业教育课程体系，大致可以分为 3 类。第一类是面向全体学生的创业通识课程，以培养学生的创业精神和

① 张秀峰，陈士勇．大学生创新创业教育现状调查与思考——基于北京市 31 所高校的实证调查 [J]. 中国青年社会科学，2017，36（3）：7.

创业意识为目的；第二类是以创业强化班和精英班为主的创业教育课程，以鼓励学生成为自主创业者为目的；第三类是由国际劳工组织设立的创业教育课程，如“大学生 KAB（了解企业）创业基础”“创办你的企业（SYB）”课程等，以普及创业知识和技能为目的。上述课程体系在培养学生的创业意识、创业精神和创业能力等方面都已初见成效。

以浙江大学为例，在教务处正式注册的、列入教学培训计划的课程分博士、硕士和本科三层次七小类，如表 4-2-1 所示。

表 4-2-1 浙江大学创业教育课程层次与类型

课程层次	类型	开课学院
本科	主修专业：创业管理	管理学院
	第二学位：创业管理	管理学院
	辅修专业：创新与创业管理	竺可桢学院
本科	全校公共选修课	全校范围
	MBA（工商管理）	管理学院
硕士	科学硕士	管理学院
博士	创业管理博士	管理学院

浙江大学在全校公共选修课体系中引入“大学生 KAB 创业基础”课程。这门课程由共青团中央、全国青联联手打造，旨在帮助中国青年更好地掌握创新技术，并且通过国际劳工组织编写的英文教材来提升他们的创业意识和实践能力。它的核心理念来自国际劳公工组织，旨在帮助中国青年更好地实现自己的梦想。此课程涵盖 8 个模块，什么是包括：企业、为什么要发扬创新精神、什么样的人能成为创业者、如何成为创业者、如何获得一个优秀的企业理念、如何构建一家公司、如何经营一家公司、如何制定一份完善的商业计划，共 36 个学时。

2008 年 5 月，浙江大学党委学工部引入（SYB）项目，该项目面向浙江大学全体全日制学生，学生只需经过面试选拔即可免费接受培训。SYB 是“创办和改善你的企业（SIYB）”系列培训教程的一个重要组成部分，由联合国国际劳工组织开发，是为有愿望开办自己的中小企业的人量身定制的培训项目。SYB 的培训课程总共分为两大部分：创业意识培训和创业计划培训。课程内容涵盖：评估自身创业能力，设计出一个有效的企业架构；分析市场需求，确定合适的法律环境；明确自身责任；预测可用资金，制定可行的利润计划；以及评估企业是否可持续发展，最终成功开办企业。

在课程设置上，浙江大学的创业教育课程可分为创业知识类、创业能力类和实务操作类三大类，如表 4-2-2 所示。

表 4-2-2　浙江大学创业教育课程内容

课程类型	课程内容
创业知识类	管理学、经济学、会计学、财务管理、创业管理、市场营销、组织行为学、人力资源管理、创业融资与投资管理创业风险管理、国际商务、企业法与知识产权管理企业战略管理
创业能力类	管理沟通、新产品开发、项目管理、创业领导
实务操作类	商业计划书、创业竞赛、企业实习

（三）探索创业课程与专业融合

在培养学生的创业精神和创业意识的同时，将创业教育课程与专业课程进行有机融合是创业教育未来的发展趋势，也是创业教育走向更高水平的必然要求。

通过将创业教育与专业课程有机结合，可以更好地了解当前学科领域的最新发展，并将其应用到实践中，从而更好地掌握专业技能，更好地适应创业活动的需求。这样就可以更好地把握当下的发展趋势，并为学生提供更多的创新机会。

国内高校开始了这方面的积极探索。温州大学依托其创业人才培养创新实验区的优势，在服装设计、法学、汽车工程等专业探索创业教育课程与专业课程的融合。温州大学积极推动创业教育，为学生提供多样化的选修课程，其中“中小企业创业实务”“温州企业家创业案例分析”等专业选修课，涵盖了经济学、国际经济与贸易、市场营销、财务管理等学科；“媒介经营与管理”“鞋类产品市场营销”“服装市场营销”“服装企业管理”“汽车营销学”“汽车服务经营与管理”“建筑企业管理”等专业选修课，涵盖了汉语言文学、广告学、艺术设计、服装设计与工程、汽车服务工程、工程管理等学科，为学生提供更多的创业机会，激发学生的创新精神，提升学生的创业能力。

温州职业技术学院致力于为学生提供创业相关的课程，包括“温州经济专题”“创造学与创造思维”“商品学知识”“品牌专卖店管理”。学院还编写了《创业指导读本》《温州创业史》《温州人精神读本》等教材，旨在帮助学生掌握创业所需的经济学、企业管理、文史和法律知识。通过这些课程，学院希望能够培养学生的创业意识，为他们的职业生涯打下坚实的基础。

二、创新创业教育课程实施效果欠佳

受到多种因素的影响，高校创新创业教育课程实施效果不佳，主要表现为课程体系的整合度不高、课程内容编排不够合理、教学方法有效性不足。

（一）课程体系的整合度不高

国内高校中普遍存在创新创业教育课程体系整合度不高的问题。为了全面落实创新创业教育的方针政策，各高校开设了多种形式的创新创业教育课程，但是不同的课程隶属于不同的管理和实施主体，彼此之间缺乏关联和整合，资源呈现条块分离，这些都造成了创新创业教育的资源利用率较低、重复和浪费现象突出。

高校管理存在多重主体的问题，其中创业教育课程由管理学院和经济学院提供，而专业化创业教育课程则由团委、学生处等单位负责，这些课程之间缺乏有效的联动机制，使得学生们无法充分发挥自身的创业潜力，从而影响到学校的发展。在上海高校中，创业教育挂靠学生处和团委的学校各占 40 %，挂靠产业处和相关专业（或学院）的学校各占 10 %。这就造成不必要的人力、物力浪费，同时也不利于统一管理和资源整合。导致这一现象的原因有很多，主要是很多高校的创业教育实施是基于行政指令，抱着完成教育部任务的心态来开设创业教育课程，属于“任务主导型”，缺乏内在的发展动力，创业教育没有成为学校的自发性需要。一些重点高校以追求“高精尖”的学术研究为导向，容易忽视创业教育，没有将其纳入人才培养的整体规划中。

（二）课程内容编排不够合理

在创业教育中，课程内容的安排至关重要，因此，选择一套科学、合理的教材，以及制定相应的教学标准，是培养优秀的创业者的关键。然而，目前大多数大学在开设创业教育课程时，缺少规范、权威的教材，存在着许多问题：一些教材只是对国外教材的翻译或简单移植，而无法真正反映中国的实际情况；另一些则只是把零散的创业活动实践进行了简单的整理，而无法提供足够的理论深度，缺乏可操作性；此外，还存在少量的校本教材，它们只是根据当地及学校的实际情况而制定的，而无法真正反映出中国的实际情况。由于缺少科学依据，这些教材内容往往只是粗糙的拼接。这些教材不能很好地展示创业教育的理论深度和实践发展，不具备普遍指导意义。当然，这一现象的存在是由于中国创业教育整体发展还不够成熟，同时也与中国创业教育师资匮乏密切相关。

（三）教学方法有效性不足

作为实施创业教育的手段，教学方法也非常重要，而在实施创业教育的高校中，普遍存在教学方法单一、实践性和有效性差等问题。在高校里，通识类创业教育的教学方式主要是传统的课堂讲解，但也会安排 1～2 次实地考察，比如科技园、企业公司等。而在专业类创业教育课程和创业强化班里，则会结合专家讲座、实践操作、案例分析等多种形式，来深入探讨创业的相关知识。通过采用基于实际案例的、具有针对性的、具有可操作性的、具有创新性的教学方式，可以有效地提升创业教育的专业水平，从而使其在传统的经济管理和商学院的教学模式中脱颖而出。

第三节　大学生创新创业教育课程体系构建策略

创新创业教育是一种充满活力的学习方式，它不仅要求学生在课堂上进行实践，而且还要求他们在实践中学习，这与传统的教育有着本质的不同，因此，如何设置高校创业教育课程，已成为学术界的热门话题。当前，高校创业教育课程体系的设置有三种不同的方式：第一种是根据课程内容的不同，将其分为实践性课程和理论性课程；第二种是根据课程表现形式的不同，将其分为隐性课程和显性课程；第三种是根据课程形式的不同，将其分为学科课程、环境课程、活动课程和创业课程。本书旨在通过设置一个完整的课程体系，来帮助学生实现创新创业教育的共同目标和个人需求。

一、创新创业教育的基础学科课程设置

希望能够通过创新创业教育基础学科课程，帮助创业者建立起一个完整的理论体系，让他们更好地理解创业的概念，并且掌握创业所必需的知识和技能，这一课程包括创业教育基本理论、创业知识基础以及创业辅导课程，以帮助他们更好地实现自己的创业梦想。

1. 创新创业教育基本理论课程设置

通过开设“创业学概论”“创业基础理论”“创业辅导”等课程，帮助创业者更好地了解创业，并且掌握一些关于创业的基础知识。

（1）“创业学概论”是一门重要的创业教育课程，旨在帮助学生更好地理解创业的概念，掌握创业所需的准备工作、步骤及所需的知识，以便更好地实现创业梦想。“创业学概论”是一门非常有价值的入门课程，可以帮助学生更好地掌握创业技能。

（2）“创业基础理论”旨在深入探讨创业的核心概念，帮助创业者更好地理解创业的实践，掌握必要的技能、策略，并结合国内外成功的创业案例，激发创业者的创新精神，帮助他们更好地实现自身的梦想，实现自身的价值。

（3）“创业辅导”旨在帮助创业者更好地理解创业的实际意义，并在此基础上提供有关行为和思维方式的指导。通过“创业辅导”，创业者可以更好地了解市场，充分利用各种资源并合理处理人际关系，以实现自身的发展。

2. 创新创业教育专业理论课程设置

通过创新创业教育专业理论课程，深入探讨创业者所需的各种知识，包括“创业法律基础”“创业案例研究”“管理学”和“市场营销学”，以帮助他们更好地实现创业梦想。

（1）“创业法律基础”是一门重要的创业教育课程，旨在帮助学生了解中国的法律环境，并将相关的法律法规融入“公司法”“行政法”“IP 保护法”“劳动法”“环境保护法”“合同法”等课程中，以便更好地指导和帮助他们在创业过程中取得成功。希望通过此课程的学习，能够帮助创业者了解法律，掌握相关知识，遵守法律，并在法律允许的范围内进行创业活动。

（2）“创业案例研究”旨在帮助创业者深入了解真实的创业案例，从中发现成功与失败的关键因素，并从中汲取宝贵的经验教训，以免重蹈覆辙。通过案例，创业者可以更好地掌握创业的技巧，并在实践中不断成长。

（3）“管理学”是企业管理的核心课程，它不仅可以帮助创业者掌握计划、组织、管理、决策等常规性的管理技能，还可以帮助他们更好地评估市场机会，从而实现以最少的投入获取最大的回报。

（4）“市场营销学”是一门帮助创业者更好地理解市场的基本规律和特点的课程，帮助他们更好地把握市场机遇，并且能够更加全面地分析市场环境、消费者市场行为，从而制定出更加合理的营销策略，并且能够让他们更加熟练地掌握市场营销的基本程序和方式方法，从而更好地实现创业目标、获得市场份额。

二、创新创业教育的活动课程设置

创新创业教育是一门充满挑战的课程，因此，在课程改革中，设置有效的活动课程显得尤为重要。这些活动课程旨在帮助学生更好地理解创业的全部流程，并从中发掘出自己感兴趣的领域，从而更好地利用自身的知识、信息、技能和资源，实现创业的梦想。通过这个过程，大学生可以更好地理解并掌握创业的基本细节，为创业活动打下坚实的基础。创新创业教育的活动课程可以通过以下 4 个方面来评估。

1. 创新创业教育集体活动课程

希望通过开展创新创业教育集体活动课程，能够更好地帮助学生们理解创业活动，并让他们更好地了解企业的运作流程和目标。这些活动课程应该围绕学校的创业教育目标来设计，以便让所有学生都能够受益。通过邀请创业教育专家或成功创业者，学校可以组织一系列有效的活动，如报告、讲座、面对面交流等，以帮助创业学生更好地获取创业的实践经验、激发创业热情、提升创业技能、培养创业精神，为创业发展奠定坚实的基础。

2. 创新创业教育专题活动课程

通过创新创业教育专题活动课程，学员们可以深入了解创业的各个方面，从而更好地掌握创业的技能和知识，并能够更有效地完成创业任务。这些课程涵盖了创业活动中最关键的环节，比如营销、决策等，旨在帮助学员们更好地发挥自身的潜力。根据创业学生的需求，可以采取多种方式来组织创新创业教育专题活动，从他们感兴趣的话题到他们认为棘手的问题，都可以以商业计划竞赛的形式进行，以此来培养和锻炼学生的团队协作精神、竞争意识等。通过参加模拟营销大赛、参观企业、深入了解企业文化、熟悉企业运作流程等，可以为创新创业教育提供更多的机会。

3. 创新创业教育项目活动课程

通过创新创业教育项目活动课程，学生们可以在创业老师的指导下，根据自身的兴趣和能力，制订出具有创意的创业计划，并在学校的支持下，积极参与，最终实现自己的梦想。同时也可以通过反思和总结，不断提升自身的创业能力，从而更好地发挥自身的潜力。通过开展创业教育项目，加强学生的独立思考能力和自主管理能力，培养他们成为企业家的基本素质，让他们在项目实践中获得更多的成长和发展。

4. 创新创业教育项目潜在课程

通过创新创业教育项目，在高校里建立一种有利于学生创业的环境，以培养他们的创业能力，提升学校创业教育的水平和质量。这种环境可以潜移默化地影响学生，使他们能够更好地实现自己的创业梦想。通过学校提供的多种资源，如举办企业家校友事迹展，邀请知名企业家定期开展交流会，等等，可以有效激发学生的创新创业热情，培养他们的创业精神，为他们的未来发展打下坚实的基础。

三、创新创业教育的实践课程设计

创新创业教育实践课程有利于提高大学生对企业知识的运用，培养大学生的创业技能，有利于开拓大学生的视野，发挥大学生个人技能。创新创业教育实践课程主要分为模拟创业实验和创业实践两种形式。

1．模拟创业实验

通过模拟创业实验，学生可以深入体验创业者的全过程，从创业决定、项目选择、团队组建、管理企业到产品推广，从而更好地理解创业的过程。此外，模拟创业实验还可以通过案例分析的形式，让学生更加深入地了解创业者的经历，并且能够更好地分析出解决创业过程中出现的问题的各种做法。为了更好地模拟创业实验，可以开设“沟通技巧与训练”商业营销模式“商务案件分析”“商业计划与培训体验”等课程。

2．创业实践

通过创业实践，大学生可以将理论与实践相结合，从而获得丰富的社会经验。为此，大学生可以利用校内的专业实习平台，参加后勤、投资等部门的实习，从而获得宝贵的实践经验；此外，还可以开展校企合作，通过与企业的沟通和洽谈，让更多的学生参与企业的内部实习，深入了解企业的运作模式，从而提升自身的创新能力，并最终成功地实现自己的梦想。通过不断积累解决各种问题的经验，为自己的创业奠定牢固的基础。

第四节　大学生创新创业教育的学科化发展取向

当前，高校创新创业教育深化改革呈现出向纵深发展的良好态势。但是，进一步深化改革既存在“中梗阻”，也存在“最后一公里”的问题。一些地方和高校还只是停留在会议、文件和口头上，没有真正落实到教学观念、培养模式等教育教学的关键环节中，尚未落实到教师和学生的教学和实践上。切实增强高校创新创业教育发展的内生动力，防止出现名义上“加强”，实际上“虚化”乃至“落空”的现实问题的根本途径是，切实加强创新创业教育学科建设，厚植创新创业教育在高校的学科基础。学术发展是高校建设的基础，每一门学科都需要有一个独立的学科支撑。然而，中国高校的创新创业教育尚未形成完整的学科体系，因此，“学科化”提法可以为建立一个完善的学科体系提供有力的支持。学科化旨在引导研究走向科学化，而学科化则更加强调过程，重点关注研究过程中存在的问题，以及如何建立一套相对独立的规则，以便更好地实现研究的规范化；对于研究过程中产生的个人感受、思考和观点，应该更加重视培养学生的专业精神和态度，以推动研究走向专业化；对于研究过程中普遍存在的宏观叙述和主观推测，应该更加注重获取准确的知识，建立系统的理论，以确保研究的科学性。在当前的情况下，学科化是一种有效的方式，可以帮助一线工作者和专业教师更好地理解学科归属感，促进学术职业的发展。它还可以帮助明确创新创业教育的目标定位，有效地克服功利主义的价值倾向；推动创新创业教育与实践走向规范化、专业化和科学化，使创新创业成为管理者办学、教师教学、学生求学的理性认知与行动自觉，进而实现持续发展的内生动力。

一、中国高校创新创业教育的学科化特性

为了更好地推进高校创新创业教育的发展，必须全面准确地理解其学科特征，并将其作为学科建设的基础。必须将大学与中小学的课程融合，使它们能够有效地衔接起来。必须与政府、企业和社会建立开放的合作关系，促进人才的培养，使学生能够更好地适应时代的发展。由于这些需求，中国高校的创新创业教育已经具有了整体性、开放性和时代性。

（一）创新创业教育学科化的整体性

实施创新创业教育是一项复杂的系统工程，它需要全面考量政府政策、经济发展、社会进步、科技创新及文化变迁等多方面的因素，以便更好地满足社会对创新创业的需求，并有效地促进其发展。为了更好地理解和掌握各种学科的理论和知识，必须将它们结合起来，使它们能够互相补充，并且被有效地运用。这样才能够逐步建立起一个完整的创新创业教育体系，包括理论体系、知识体系、方法论体系和比较研究体系。因此，必须高度重视创新创业教育的整体性。创新创业教育不仅仅是一个简单的课程体系。尽管许多大学的商学院和管理学院拥有丰富的学术资源，但他们在推动创新创业教育方面仍未取得预期的成果。杰弗里·蒂蒙斯以“商机驱动”“团队驱动”“资源驱动”3 个核心要素的匹配和平衡为基础，提出了“蒂蒙斯模型”，以此来解决创业过程中最核心的问题，即如何实现整体的平衡。注重整体性成为蒂蒙斯创业教育理论和实践课程体系的突出特点，这种从整体上建构创新创业教育体系的发展趋势也是近年来高校创新创业教育研究与实践的重要发展趋势。

（二）创新创业教育学科化的开放性

高校应该积极推动创新创业教育，以便更好地满足学生的需求，而这一过程的实现，需要政府、社会、企业三方的共同努力以及有效的协调与汇聚，以便形成一个有效的整体，实现学生的全面发展。因此，创新创业教育应当成为一座桥梁，将大学与政府、企业、社会各界及个人紧密结合，构建一个全社会共同参与和支持创新创业的网络，以促进大学生的发展。创新创业教育的开放性特征为学术研究、教师培养及教学模式的变革带来了前所未有的挑战，需要不断努力去实现。首先，创新创业教育应该超越理论探究，不仅要追求未来美好的教育理想，更要以“直通”为指导，培养具有创新精神的个体，而不是仅仅停留在理论上的探讨，更要深入探究如何实现这一目标。为了满足国家的需求，创新创业教育应当采取“指向”和“示范”的双重措施，既要实现理论与实践的有机结合，又要在教育取向和教育工程的技术转换过程中实现有效的结合，以实现最佳的教育效果。其次，为了成为一名优秀的社会活动家，教师需要不断努力，从社区和城市中获得支持和资源。同时，他们还需要具备国际视野和胸怀，立足中国，面向世界，熟练运用“请进来、走出去”全面掌控前沿信息的方法，确立发展策略，搭建大平台，汇聚大资源，为学生的长远发展奠定基础。最后，创新创业教育应该以“是什么”“为什么”为基础，深入探讨“做什么”“如何做”的内涵，并从“教什么”和“如何教”的角度出发，深入挖掘“粉笔加讲授”的内涵，以此来推动缄默知识的发展，使其成为一种具有开放性的学科化特征的教育模式，以满足当今社会对创新创业的需求，并促进人类创新创业实践活动的发展，从而推动社会的进步。从创新创业的实践中获取力量，而不是停留在抽象的理论思考中。学习和研究创新创业教育应该以多样化的创新创业实践为基础，以“改造世界”为指导，让它们得到充分的考验，并且能够随着实践的进步而不断发展。

（三）创新创业教育学科化的时代性

高校创新创业教育理论研究和实践活动的深入开展与所处时代的主体特征有着密切关联。曾任芝加哥大学校长的罗伯特·梅纳德·哈钦斯（Robert Maynard Hutchins）在 1953 年大胆预测：“如果我们得以幸存，我们将活在衣食无虞却工作短缺的世界，机器将代替我们工作。”[①] 随着全球经济的发展，人们生活水平提高了，但是就业机会减少了，成为世界各国政府十分头疼的社会问题。这既是当今时代各国政府高度重视创新创业教育的重要原因，因为传统产业创造的就业机会已经被“机器”侵蚀掉，为了解决就业问题，当代人只能自己创造就业机会。为了更好地支持和扶持那些具有较强就业吸纳能力的中小企业，中国高校应该加强创新创业教育，并在理论研究和实践活动中体现出时代性特征，以应对当前中国大学生就业难的现实问题。

当然，“就业难”并非当今时代的唯一特征，以知识经济为主导的世界经济形态更加凸显了创新创业精神的重要性。知识经济时代以经济知识化和社会信息化为主要特征，在知识经济时代，大学已经从社会的边缘转变为经济的核心，成为推动新兴产业发展的重要力量。大学培养的创新型人才不仅能够满足社会的需求，还能够为社会创造更多的就业机会，为社会发展作出重要贡献。他们创造的新兴产业为年轻一代提供了一个实现自身价值的机会，特别是针对高校毕业生。正是基于这一鲜明的时代特征，党和国家领导人高度重视青年创新创业，青年学生富有想象力和创造力，是创新创业的有生力量。青年愿创业，社会才生机盎然；青年争创新，国家就朝气蓬勃。当今世界，创新已成为社会发展的核心动力，是推动经济社会进步、改善民生的关键因素。因此，必须加强创新创业教育，培养出一支具有创新精神、敢于担当、勇于创新的人才队伍，以推动经济发展，促进社会进步。

二、中国高校创新创业教育的学科化道路

中国高校的创新创业教育已经取得了长足的进步，得益于政府的支持和推广。随着大众创业、万众创新的推出，创新创业已经成为推动经济和社会发展的重要因素。要清楚地意识到，创新创业教育并非一项短期的任务，也不是一项应对当前经济形势的紧迫措施，更不是一种暂时的解决方案，而是一种重新审视和调整高等教育的改革和发展方向的重要举措。通过不断改进和完善人才培养体系，打造大众创业、万众创新的强大后盾。中国高校应该根据中国国情，采取多种措施，

① 侯力红，姬春林编著．互联网＋大学生创新创业教育研究[M]．北京：科学技术文献出版社，2017：132．

以促创新创业教育的发展，其中包括“专业式”和“广谱式”的双轨并行，“问题导向”和“学科导向”统筹兼顾“政府驱动”及“高校需求”的相互交流，以实现创新创业的目标。

（一）“专业式”与“广谱式”双轨并进

1947 年 2 月，美国哈佛大学商学院的迈尔斯·梅斯（Myles Mace）教授发起了“专业式”（Management of New Enterprises：新创企业管理）课程，这标志着美国创新创业教育的诞生。此次重大事件为美国大学的创业教育建立起了重要的文化基础。商学院（管理学院）一直致力于将创业教育与 MBA 学生培养紧密结合，并将“新创企业管理”作为其传统教育目标，以此来推动高校创业教育的发展。“专业式”为“自生长”和“自成熟”积累了教师、教材、案例和基础理论，使得创新创业教育在商学院内部取得了长足的发展。20 世纪 90 年代，“广谱式”也随之发展，为商学院的发展提供了强有力的支撑。近年来，“广谱式”创新创业教育课程以提升全校学生的创业素养和创业能力为本位，发展势头强劲。“广谱式”模式得到了广泛的认可，被广泛应用。在商学院以外的地方，“科学研究者学习商业知识，商人学习科学知识”的理念也被广泛接受，成为当今社会的一种重要现象。为促进前沿高校的创新创业教育，应该努力建立“专业式”和“广谱式”的标准，并将其落实为双轨并行，以期达到最佳效果。

“广谱式”的创新创业教育具有极高的理念性，它既关注大多数人，又重视少数人，从而达到全覆盖、分层次、差异化的综合性效果；“专业式”则更加注重具体的目标，以及建立良好的实践性，以培养学生的创业技能。大学应该将“广谱式”的创新创业教育作为一种指导思想，并借助“专业式”的专业知识来支撑，从而使相互助力的创新创业教育更好地帮助学生掌握实践技能，从而推动大学的创业教育的学科化；应加强对创业教育的支持，将其扩展到商学院以外的各领域，包括工程、艺术、科技等，并将其纳入到学科专业的课程体系中。此外，还可以针对少数具备创业潜质的学生开设创业实践课程，以便他们在大学期间或毕业后获得更多的创业指导。结合“专业式”与“广谱式”的创新创业教育，采取有效措施，打造一套完善的运行机制，从而有效地推动教育质量的持续改善，并为学科发展注入新的动力。

（二）“问题导向”与“学科导向”统筹兼顾

中国高校创新创业教育研究与实践始于问题导向。2007年，党的十七大报告明确提出了“实施扩大就业的发展战略，促进以创业带动就业”，指出“完善支持自主创业、自谋职业政策，加强就业观念教育，使更多劳动者成为创业者。”根据“以创带就”政策的指导，高校创新创业教育的研究和实践重点放在解决就业难题上，以促进社会和谐和政治稳定为目标，自主创业和自由职业分别作为灵活就业的两种方式，采取多种措施，努力解决大学生就业问题。在当今社会，高校创新创业教育研究与实践的重要目标是为了缓解就业压力，因此，问题导向研究模式应当被重视，特别是强调应用性和对策性研究。在这种研究导向下，要给予学科建设足够的重视，要在问题导向与学科导向之间寻求一种平衡，以实现双方的共赢。

一方面，解决现实问题和进行学科建设是一个有机的整体，它们可以有效地融合在一起，形成一个完整的学科体系。如果创新创业教育的专家不能够积极关注大学生就业问题，而是将创新创业教育局限在学院知识生产的流水线上，以僵化的学科分界来界定，那么，这种研究的理论和实践基础又将如何发挥作用？另一方面，尽管热点问题研究具有重要意义，但如果学科建设不够完善，这些研究将无法得到有效的支撑，只能停留在表面。因此，高校创新创业教育应该围绕大学生就业难等重点难点问题，进行深入的研究，同时“脚踏实地”，也应该对于涉及长远发展的学科建设问题进行全面的规划和设计，以确保创新创业教育的价值取向得到有效的落实。建立一个科学的体系和模型是非常重要的。

（三）“政府驱动”与“高校需求”上下互动

当前，国家高度重视大众创业、万众创新，明确指出大众创业、万众创新既可以扩大就业、增加居民收入，又有利于促进社会纵向流动和公平正义。个人和企业要勇于创新创业，全社会要厚植创新创业文化，让人们在创造财富的过程中，更好地实现精神追求和自身价值。2015年5月，国务院颁行《国务院办公厅关于深化高等学校创新创业教育改革的实施意见》，站在国家实施创新驱动发展战略、促进经济提质增效升级、推进高等教育综合改革、促进高校毕业生更高质量创业就业的高度，明确了深化高等学校创新创业教育改革的指导思想、基本原则、总体目标，提出了 9 项改革任务、30 条具体举措。由国务院发布文件推进深化改革，标志中国高校创新创业教育已经由“以创带就”拓展为以大众创业、万众创新驱动经济社会发展的新阶段，高校创新创业教育的实质拓展为以创新为基础的创业，支持创新者去创业，使创新创业成为驱动经济社会发展的引擎。

政府驱动为高校创新创业教育提供了政策支持和资金保障，促进了资源的整合、平台的搭建和成果的产出。然而，仅仅依靠这些还远远不够，必须在政府的支持下，以高校为核心，将“高校需求”与“政府驱动”的理念紧密结合，形成上下游的互动关系。当前的重点是，建立一个以高校为核心的创新创业教育生态系统，“高校主体、企业参与、社会支持”则是其中的指导思想。“高校主体”重在加强三方协同，以高校为主体建立大学生创业平台，一方面是协同各方，汇聚资源为大学生创新创业所用；另一方面是积极推动知识资本化和技术市场化，成为联结政府和企业的桥梁和纽带，“真正发挥出高校作为创业型人才培养实施者、智力型资本激发引导者、新创型企业资源融合者的主体作用”。① “高校主体”旨在加强三方协作，以高校为核心，构建大学生创业平台，既要整合多方资源，支持大学生的创新创业，又要促进知识资本的融合，将其转变为技术市场，从而架起政府与企业之间的桥梁，发挥出高校作为培养创业型人才、激发智力型资本、融合新型企业的主导作用。“企业参与”旨在提供全面的服务，以支撑和辅助系统的运行，通过完善民间融资体系、建立非营利性第三方组织等方式，为用户提供全面的资金、技术评估和认证等专业化服务，以满足用户的需求。“社会支持”致力于建立一种充满创新精神的文化氛围，鼓励个性和勇于接受失败，让创新成为一种新的价值观和社会发展方向。

三、中国高校创新创业教育的学科化发展取向

为了有效地推动中国高校创新创业教育的学科化发展，必须准确把握主流与支流及主线与分线之间的差异。在这一过程中，需要重点关注主要矛盾和问题，以便为学科化发展创造良好的发展环境。因此，我们应该在建立共同的教育理念、明确学科边界和主体领域、加强平台建设及人才培养 3 个方面，全力以赴，以实现突破。

① 侯力红，姬春林．互联网＋大学生创新创业教育研究[M]．北京：科学技术文献出版社，2017：135．

（一）建构共同的教育哲学基础

教育哲学的核心概念是本质论、目的论和价值论，“三论”提供了一个基本的框架，以指导创新创业教育的发展。然而，当前创新创业教育哲学仍存在着与教育哲学的紧密联系，需要进一步加强和完善。将“培养社会主义合格建设者和接班人”作为创新创业教育的核心，“培养社会主义合格建设者和接班人”作为其目标，“人的自由而全面的发展”作为其价值，这是一种正确的方向。它将为学生提供一个更加全面、更加有效的学习环境，从而培养他们的创新思维和创业能力。然而，这种高度重合也会引发更深层次的思考：创新创业教育的独特性有何特点？它的不可替代性又有何特点？如果无法对这些问题有更深刻的理解，那么创新创业教育就会失去其存在的基础，最终也将被淹没在普通教育的洪流之中。为了更好地推动高校创新创业教育的发展，我们必须充分利用其独特的理论特征，并在宏观教育规律的指引下，深入探究其本质、目标、价值，从而使其成为一门具有学术性的课程。首先，创新创业教育具有“主动性”的本质。认为“主动性”是创新创业的突出特质，就是要把创业作为一种生活方式和人生态度，转化为学生的主体行为。主动性就是要充分发挥人的创造性的潜力和本能，培养“创业自觉”。其次，创新创业教育具有“超越性”的教育目的。“超越性”包括对传统的超越和对自我的超越两个方面，超越性的创新创业教育就是要“培养具有开创性的个人”。再次，创新创业教育具有“转化性”的终极价值。认为从教育过程来看，创新创业教育是一个艰难的转化过程，从接受创新创业知识到形成创业智慧，从新发明、新发现、新创造到知识资本化，从具有创业意向到采取创业行动，需要付出艰辛的努力，括“转识成智”（知识转化为智）“转知成资”（知识转化为资本）和“转意成行”（意向转化为行为）3 个方面。

共同的教育哲学基础是确保高校创新创业教育科学设计、顺利实施的根基，在“三论”的统合下，协调多学科研究在共同的概念和术语方面取得多方共识，消除各学科原理和方法的矛盾和冲突，努力达到整体和谐。只有当创新创业教育在本质论、目的论和价值论上达到高度认可，才会走出“‘自己出题目，自己封闭做研究，自己欣赏自己成果’的自娱自乐的窘迫处境”[①]。将创新创业教育作为

① 侯力红，姬春林．互联网 + 大学生创新创业教育研究 [M]. 北京：科学技术文献出版社，2017：137.

一项重要的国家发展战略，纳入高等教育体制改革的范畴，以培养学生的能力素质为核心，深入探索课程体系、教材体系、教师培训体系及评估体系，以构筑一个完整、充满活力的创新创业教育体系。

（二）明确学科边界和主体领域

近年来，中国知网上发表的创新创业教育研究文章数量已达两万名篇，虽然数量可观，但整体质量仍有待提升。大多数文章的研究方法和角度相似，大致上都是“意义—内容—途径”三段式。学者们认为，研究基本上是一种思考性的探索，而不是肤浅的现象描述，研究成果主要是自我想象力和生活阅历的体现，大多数研究结果不仅缺乏深度，文章结构模糊不清（原因、特点、对策），论述枯燥乏味（家庭、学校、社会），而且结论也大多停留在“正确的废话”（加强提高、重视）的层面，缺乏创新性和深度，缺乏实践性。随着科技的发展，创新创业教育的学科化进程受到了严重的阻碍。为了解决这一问题，学科必须建立起自己的边界和主体领域，并且有一批学者长期深入地研究这些领域。如果没有明确的研究领域，就会导致学术认同感不足，专业积累和进步也会受到影响。

为了明确学科边界和主体领域，当前，还需做好四个方面的基础工作。一是重点关注创新创业教育的基础文献研究，为学术界提供有价值的信息。这需要建立一个共同的学术积累和话语体系，以便在学术界形成一致的认同感和同行感，并且能够提高学生的培养质量。二是重视各类高校在创新创业教育方面的实践。要加强对国内高校创新创业教育实践的关注，以便更好地了解情况，并从中汲取经验教训，为未来的发展奠定坚实的基础。应该重视高校在创新教育方面的实践，尤其是它们如何在整个大学里推动创新型教育的体系、机构和团队的建立。应该用创新型教育的理念来指导大学的教学改革，提升教育的质量。应该把创新型教育作为核心，与政府、企业和社会合作，促进高校走向开放的道路。三是高校创新创业教育的发展状况的比较研究。美国、英国、日本的研究取得了显著的进展，而印度、俄罗斯等国的发展却相对落后，欧盟国家，特别是芬兰、瑞典、丹麦、法国、德国，也取得了长足的进步，值得我国继续跟进。四是随着“正规军”和“游击队”的发展，创新创业教育已经成为一种全新的教育模式，它将不同学科专业融合在一起，以更加灵活的方式推动教育发展。虽然许多教师已经尝试将创新创业教育纳入日常教学，但由于缺乏系统的课程安排，无法真正实现跨学科的融合。因此，有必要深入研究“一股绳”的有机结合，以期获得更好的教育效果，并且通过积累案例、总结经验，为更多地区的创新创业教育提供示范。

（三）加强平台建设和人才培养

平台和人才对于学科建设至关重要，二者相互依存、相互提升。有了平台，可以招揽人才；有了人才，可以创建平台；人才和平台结合，就会汇聚资源、产出成果、壮大平台。平台建设成为现阶段高校创新创业教育获得全面发展与进步的基本保障。一是采取“专业模式”，所有日常管理、师资培养、经费筹措、课程设置等资源都由商学院或管理学院调配，教学对象和教学活动集中在商学院或管理学院，目标是培养专业化的创新创业人才、创新创业教育师资和研究者。平台和人才是学科建设的关键，它们之间的相互依存和促进是不可或缺的。拥有平台，可以吸引优秀的人才，而拥有人才，则可以搭建起更加完善的平台；将人才与平台紧密结合，将会汇聚资源，产生更多的成果，从而使平台变得更加强大。因此，平台的建设是当前高校创新创业教育取得全面发展和进步的基础。“专业模式”旨在通过调配商学院或管理学院的资源，以及培养专业的创新创业人才、提供优质的教育服务、支持相关的研究与实践，来提升学生的创新能力，并为社会发展作出贡献。二是采取“广谱模式”，成立一个全校性的创新创业教育中心。这个中心将整合校内外的资源，并加强顶层设计，为所有学生提供创新创业教育课程。此外，还可以制订一个完整的创新创业教育学科建设方案，并分三步来解决学科归属问题。第一步，将创新创业教育作为一个高等教育学、教育经济与管理学或其他更高级别的学科的研究方向。第二步，加强对这一领域的研究，以更好地支持学生的创新能力。通过整合就业教育和职业生涯规划教育的内容，可以开拓出一系列新的研究领域，包括原理、史论、方法和比较；第三步，要把创业教育的各个领域结合起来，可以在一级学科教学中开设二级学科创业教育学，或者在一级学科管理学中开设二级学科创业学及创业教育学，以此来构建一个完善的创业教育学科。

教师培养是人才培养的重要组成部分，当前从事创新创业教育的教师来自学院内部，但他们的能力和经验有限，无法满足学院内部创新创业教育的需求，更无法取得应有的效益。因此，需要加强对教师的培养，以提升创新创业教育的质量和效果，为学生提供更好的就业机会，让他们在创新创业教育中发挥自己的作用，实现自身价值，实现自身的发展目标。这些教师常常是“孤军奋战”，在申请国家科研项目时，由于缺乏准确的学科归属，他们往往会在管理学、经济学、教育学、社会学等学科之间徘徊，以致无法获得职称晋升。学科的“漂泊”状态导致教师们缺乏对学科的认同感。为了更好推动教师的创新创业教育，必须建立一个专属的发展平台，以满足不同类型教师的需求。

第五章 “互联网 +”背景下大学生创新创业的影响因素和路径

当前中国经济和社会发展正处于深刻调整期，大学生创业面临着严峻的形势。本章介绍了“互联网 +”背景下大学生创新创业的影响因素和路径，主要表现在以下三个方面：一是“互联网 +”背景下大学生创新创业的影响因素；二是“互联网 +”背景下大学生创新创业的路径选择；三是创新创业教育与就业指导融合发展路径探究。

第一节 “互联网 +”背景下大学生创新创业的影响因素

一、大学生的创业动机

（一）创业动机的概念

创业动机是指创业者由于个体内在或者外在的需要，在创业时表现出来的目标和愿景。创业动机常常决定着创业者的行业选择、目标定位等具体价值取向。它内源于个体的心智与教育成长环境，是个体在综合自我、环境、价值、目标、期望等诸多因素之后所形成的内在的、个人的初始动力，是创业的开始和最基本的驱动力。

（二）创业动机的分类

大致可以归纳为 3 种类型。

1. 生存需要型

首先，随着经济的发展，许多家庭无力承担昂贵的学费，即使国家提供了助学贷款和奖学金，也无法彻底解决这一问题。在这种沉重的经济压力下，许多学生不得不在课余时间打工来维持正常生活，以便顺利完成学业。在打工的过程中，有些人会发现商机，并且勇于把握机会，开始走上创业之路。其次，随着时代的发展，越来越多的学生开始独立承担学习和生活费用，这也促进了许多创业者的崛起。

2．自我实现型

研究表明，25—29 岁是青年创造力最强的时期，他们拥有极强的创新意识，思维敏捷，受到的约束和束缚也较少，这使得他们更有可能实现自己的梦想。随着大学生所处的环境的改变，他们更容易接触到新的发明和学术上的新成果，甚至有一些人拥有自主 IP 的科研成果。为了实现自己的梦想，他们不断改变自己的观念，开始了自己的创业之旅，努力追求自己的梦想。

3．就业需要型

当前，我国的大学生就业形势相当严峻，一方面表现为需求不足，另外一方面表现为大学毕业生的工资待遇降低。在这种情况下，为了找到一份自己满意的工作，有一部分大学生也开始了创业。

二、大学生创业动机的驱动因素

创业动机是个体创业行为的驱动力，是一个非常复杂的心理现象，动机的产生受到有机体内外多种因素的影响。而且个体创业的动因或驱动力往往不是单一的，往往是多种动因共同促进。创业动机的驱动因素可分为两大类：社会诱因和个体诱因。以下分别具体介绍创业动机的驱动因素。

（一）社会诱因

每一个创业者都有其特殊的背景和经历。社会学研究试图对创业者所处的社会环境以及影响创业者决策的社会因素进行解释。研究发现，驱动创业者作出创业决定的诱因主要有四种。

1．不利境况触发创业活动

不利境况指的是个人或者个人组成的群体处在社会核心的边缘。这些个人或者群体可能被视作“不适合”主流社会的生活，他们对个人自我实现的吸引很敏感，既然没有人可以依靠，他们干脆就不依靠任何人。最明显的例子是，移居到一个新的环境，因语言障碍或者种族偏见找不到合适工作的移民，常把目光投向创业。例如，改革开放之初的“下海”创业者，大多是难以找到工作的回乡知识青年、城市失业青年、升迁无望的公务员或遭遇“天花板”的大公司高管人员，以及在激烈的市场竞争中难以找到适当位置的复员退伍军人等。这些处于社会边缘状态的人，在现实中没有占据“有利地形”，因为处于这样或者那样的不利境况，他们的创业成本较低，没有太大的利益纠结，顾虑也小，通过创业既可以获得较多收益，又能获得新的发展平台，还能找到一种控制命运、实现自我价值的成就感，从而义无反顾地走上创业之路。

迪克·克拉克（Dickie Clark）提出的“社会边缘状态”也解释了这种创业动机。社会边缘状态是指当个体的属性——身体特征、智力特征、社会行为方式与其所处的社会环境中承担的角色发生冲突时，个体就处在社会边缘状态。处于社会边缘状态的人，获得的现实利益较少，其创业的机会成本相对而言也比较低，因而选择自主创业成了他们摆脱孤独感、寻找心理平衡的重要途径。

2. 创业的拉动效应

积极正面的引导可以促进某些人的创业行为，这种效应通常称为“创业的拉动效应”。有些积极正面的引导可能来自潜在的合作伙伴、创业导师、父母等。潜在的合作伙伴通过共享经验、提供工作上的帮助或者分担风险等方式，使个人受到鼓舞而欣然创业。创业导师可以给创业者介绍社会关系和经济关系网络中对创业有益的社会资本和资源。父母的职业与子女的创业现象之间也存在相关性。

如果创业者的父母本身就是很成功的创业者，拥有家族的企业，父母的言传身教常常会感染着创业者本人。另外，那些给创业者提供初期融资的投资者不仅使创业者坚定了“投资回报很大”的必胜信念，而且对创业活动的实施起到了关键的拉动作用。当然，拉动创业的因素，还可以扩展到潜在的顾客等周边关系人群，他们的激励有可能点燃创业者的“创业火焰”。

3. 创业的推动效应

为创业者提供积极动力的另一种情景范畴就是“创业的推动效应”。积极的推动因素包括职业阅历或者教育背景等因素。职业阅历可以提供创业机遇，教育背景可以给予个人合适的知识和技能。

一般而言，有两种类型的职业经历有助于帮助创业者走向创业之路。

一是行业路径，即某个人在某一特定的行业里学到了该行业内所有可以学到的东西，从而为创业奠定了坚实的基础。某些创业者在自己先前工作的行业内，拥有得天独厚的资源优势，容易捕捉到行业变化发展的趋势，通过开创新事业，以填补行业变化发展中的市场缝隙。这就是人们往往选择自己所熟悉的领域进行创业的原因，比如，在技术领域工作的人所开发的新产品、新工艺不被企业接纳，就可能会离开原来的企业去组建新的企业。同样，从事销售工作的人常常因为熟悉市场和顾客未满足的愿望和需要，有可能离开原来的企业去开创一个新企业来满足市场需求。采用行业路径的创业者通常依附其专业化的知识来创建新企业。这些专业化的知识可以是一门技术、一种工艺流程、一种新的商业盈利模式或者是被先前企业所忽视而被创业者所发现的利己市场。这些创业者以行业路径知识为基础开展创业活动，只要突破了创业的资金瓶颈和资源制约，创业梦想就较容易实现。

二是岗位路径，即某个在关键经济岗位上工作过的人。他们可能是律师、会计师管理咨询师、银行家或者商业经纪人。他们凭借自身的融资优势和交易技巧，很容易捕捉到他人没有看到的商业机会。当商机之窗打开时，他们不愁创业资金和业务技能，只需组建一个高效的创业管理团队，就较容易成功实现创业。

总的来看，不同寻常的职业阅历可以诱发不同的创业路径依赖，创业者对这一路径的强烈依赖可能使他们满怀信心地去创建属于自己的新企业。从这个角度来看，大学生采取“先就业，后创业”的策略，可以提高创业的成功率。

4. 创业环境和创业政策激励创业

创业环境是一个复杂的系统，它受到多种因素的影响，包括金融资源、政府政策、项目支持、教育和培训、研发转移效率、商业环境和专业基础设施、国内市场开放程度、实体基础设施的可用性、文化氛围及社会规范等 9 个方面。文化环境对一个国家或地区的创业意识和动机的产生有重要影响，积极的文化氛围可以激发个人的创业热情，促使他们主动寻找新的商机，以应对不断变化的市场环境。

政府制定的创业政策旨在帮助企业家克服创业障碍，提升创新能力，并通过改善创业环境来促进经济增长。这些政策对于实现经济增长至关重要。随着国家经济的自由化，越来越多的人开始选择自主创业。

（二）个体诱因

1．个体差异

研究表明，个人的性别、经济状况、教育背景、家长的价值观、文化素养以及职业类型等因素都会对创业决策产生重大影响。男性更倾向于自主创业，家庭经济状况较差的人更容易被物质需求所驱使，而家庭经济状况较好的人则更有可能因为追求成功和实现自我目标而选择创业。如果父母都在创业，那么孩子也会更愿意去尝试。

2．心理诱因

每一个创业者都有其特殊的需求、追求和愿望。心理学家通过研究试图对创业者的创业动机以及影响创业行为决策的心理因素进行解释。

根据马斯洛的需求层次理论，可以得出这样的论述：金钱需要基本得到满足，获得额外金钱的重要性与其他因素相比就会下降。很显然，这种认为金钱是创业者唯一刺激物的观点是肤浅幼稚的。一项对英国 800 家盈利小企业的调查结果显示 98 % 的人把“个人成就感”列为第一重要的推动力，其中 70 % 的人认为其是非常重要的因素，88 % 的人把“按照自己的方式做事”看作重要的因素，87 % 的人将“做长远规划的自由”列为重要或非常重要的因素，仅有 15 % 的人认为“给子女留下产业”是非常重要的。驱动创业的激励因素多种多样，创业的主要动机也因人而异，从创业者心理方面来看主要出于以下目的。

（1）改变家庭和个人的经济状况。金钱并不是所有创业者的最终目标，一个有理想有抱负的人，以自己的知识、技能开创新事业，促使社会的进步和发展，换来的报酬不全是金钱，可能是生命的充实、内心的满足，以及受到肯定后带来的荣誉感。但是也不能否认经济因素在激发创业者的创业行动时所起到的作用。由于原先在企业所获得的薪水难以维持家庭生活开支，为了改变自己现有的经济状况和家人的生活水平，创业者经过再三权衡之后认为要改变命运，改变现状，让自己的知识、技能得以尽情发挥，并获得最大的经济回报。大多数出身贫寒、收入微薄的创业者最初的创业动机就是要改变自己的生活境地，改善经济状况。

（2）对成就的需要。对成就的需要是对人们期望做得更好和渴望更卓越的标准的潜意识的驱动。一个社会如果普遍拥有高水平的成就需要，那么这个社会将会涌现出更多有活力的创业者，这些创业者将促进经济社会的发展。戴维·麦克莱兰（David C. McClelland）通过试验得出结论：成就需要得分较高的创业者，在解决问题、确立目标和通过个人能力达到这些目标时，敢于承担责任，有冒险倾向，喜欢中等风险的决策，对决策结果感兴趣。

（3）对独立性的偏好。独立性强的人都具有成功的潜质，如果不能独立，是很难成就自己的一番事业的。过分的依赖往往使创业者失去主见，失去创业最需要的那种进取和创新的精神。创业者一般都有追求独立的愿望，如果没有这种意念，就难以独自去承受创业中的各种挫折和辛酸。正如美国企业研究专家伯奈尔所言，创业者的内心深处都有一种非常强烈的需要，想做自己想做的事，愿意为自己的错误买单，但他们喜欢以自己的眼光去看待事物，渴望彻底控制自己的命运。大多数创业者在创业之前，要么觉得原先从事的工作难以施展自己的才华，要么觉得那项工作并不是自己内心深处所喜爱的。在这种情况下，他们不甘于为别人打工，强烈的独立意识驱使他们创建自己喜爱的事业，按照自己喜欢的方式做自己喜欢的事情，实现人生的理想和抱负。例如，不惑之年的柳传志在“憋得不行”的驱使下，毅然走向创业之路，虽说历尽艰辛，但今天的联想公司的业绩和规模足以使他感到欣慰。这些向往自由和成功、渴望振奋和激励的创业者，大大推动了社会的进步和发展。

三、个人背景对大学生创业的影响

个人价值观的形成受个人背景的影响，大学生的创业价值观也是如此。个体的社会化需要一个漫长的过程。在这个过程中，个体会不断地接触外部环境，并从中获取各种信息，这些信息涵盖了社会的各个方面。从出生起，每个人都会被家庭和周围的社会环境所影响，包括人文地理、风土习俗等。每个人的家庭的结构、社会关系和经济状况各不相同，这些因素都会影响个体的价值观。在漫长的社会化发展过程中，由于个体所处的外部环境和家庭的教育方式都有所差异，因此，每个人都有自己独特的价值观。随着性别差异的不断加深、年龄的增长、与不同社会群体的接触及教育程度的提高，个人对外界环境的评价也会发生变化。当进入大学后，选择的专业和进修的学历，都会使价值观发生显著的变化，这些变化都是在大脑的加工过程中形成的。个人价值观的差异可以从两个方面来考虑：一方面是个人对物质财富的追求以及对自身需求的满足；另一方面是个人对社会价值的认知和建立、对权力和欲望的追求、对成就的渴望、对社会地位的向往和期待，以及对个体思想的验证和追求。此外，个人还有意愿为他人、国家和社会作出贡献的意识。这些因素可能会影响他们的创业态度、意愿和成功率。

（一）个人特质对创业的影响

早期研究中，创业者被认定为拥有一组特定的个人特质，创业行为由创业者的个人特质所驱动。根据美国国际开发署的调研结果，成功的创业者应具备以下特质：积极主动、坚持不懈、注重效率、重视质量、能够预测风险、拥有独特的解决问题的方法、能够发现并利用机遇、具有说服力、亲自搜集信息、制订系统的计划、履行合同、有决断力、有信心以及采用有影响力的策略。斯蒂沃特发现，不同创业动机水平的大学生个体在特质上存在显著差异；凯琼维特斯指出，控制欲、成就需求、风险偏好、精力水平、需求、自主性、自我控制能力和思维模式等因素都会影响大学生的创业行为。

（二）创业综合素质对创业的影响

素质是一种内在的、稳定的特质，它来源于人的先天禀赋，并在后天环境和教育的影响下得以发展和塑造，从而形成身心组织结构及其质量水平。它不仅体现在个体的身体上，也体现在个体的人格上，是人们获得成功的重要因素。大学生的创业综合素质是指他们在创业过程中所具备的各种能力，包括创业意识、创业精神、专业知识、实践技能和创新思维。这些能力对创业项目的成功至关重要。

1. 创业意识

所谓意识，即人脑的特殊机能和活动，是人所特有的对于客观世界的反应。简而言之，意识就是一种心理反应或心理现象。创业意识是一种深刻的思维活动，它源于创业者对市场经济法律法规的认知，并且能够根据自身和社会发展的需求，进行有效的预测和分析，从而形成一种价值追求，是一个创业者素质的核心要素。创业意识是一种强大的精神动力，它可以帮助大学生更好地认识自己的创业潜力，提升创业素养，激发创业热情和创业欲望，追求卓越，重视效益，并能够及时掌握市场信息，从而实现自身的创业梦想。

创业意识具有可强化性、综合性、协调性、社会历史制约性的特征。首先，创业意识是创业行为的前提准备。对于有创业意愿的人而言，最重要的就是从创业意识的角度进行强化。其次，创业意识中强调的是需要、意向、动机，在实际的创业活动中，创业者的创业意识也与个人的需要、意向和动机等因素相关联，从而发挥综合效应。再次，创业意识能够将创业动机和创业效果有机连接在一起，在坚持创业动机和创业效果协调性的基础上，才能使创业活动更具成效。最后，创业意识从根本上来说是与具体的社会历史条件相关联的，随着科学技术的进步和生产效率的提高，创业者更加需要将创业活动与时代发展相结合，发挥创业意识社会历史制约性的特征。

创业意识的内容主要分为三个方面：第一，确定的认识目标。创业者创业意识的增强，首先依赖于创业者个体创业价值理念的提升。一方面，创业者需要树立明确的人生目标，在明确人生价值和意义的基础上，最大限度地发挥创业者创业的积极主动性；另一方面，要重视人的潜能和价值。创业者应将对自我价值实现的追求作为创业意识的首要内容，在此基础上将自我价值和社会价值有机统一起来，从而获得更多的创业机遇。第二，敏锐的商业意识。创业者在创业的过程中需要对创业的内容进行定位，只有具有敏锐的商业意识，才能使创业的定位更具合理性和可行性。因此，创业者要善于用心钻研与创业相关的知识，同时要积极观察和思考，收集和利用创业相关的信息，对创业信息的本质进行真正把握，积极主动寻找和创造创业机会，从而更好地感知和把握创业活动，深化创业意识。第三，科学的经济头脑。科学的经济头脑是创业者取得丰硕成果的重要基础之一。科学的经济头脑强调的是创业者对创业活动的本质性分析，不仅要求创业者对经济的局部问题有独到见解，更要善于对经济的整体运行进行合理把握，并提出有价值的决策参考意见。

2. 创业精神

创业精神，也称企业家精神，其概念最早出现于18世纪。美国经济学家约瑟夫·熊彼特用“新组合”和“创造性的破坏”对创业精神进行概述，哈佛商学院霍华德·斯蒂文森教授认为，创业精神是“追寻现有资源范围以外的机遇”。“追寻”指绝对专注的态度。“机遇”指以在一个或多个方面有所作为：①推出创新产品；②设计全新商业模式；③改进已有产品，使其质更优、价更廉；④发掘新客户群。“现有资源范围以外”指突破资源限制。[①]总的来说，创业精神是一种动力和源泉，是创业者在创业实践活动中关于创业行为特征的高度概括。

创业精神能够激发创业者潜能的品质和意志力，它是一个复杂而又独特的过程，需要创业者不断投入热情、坚定信念、承担责任、勇于挑战，不断超越自我，实现梦想。因此，大学生创业需要具备高度的社会责任感和诚信品质，同时也需要具备良好的心理素质、团队合作精神、冒险精神和竞争意识。

“创业精神的本质是带来变化，创业的结果是带来新的利益，而促成了这些变化的人就是创业者。”也就是说，创业者可以是开创一个新的企业的人，也可以是任职于某一个公司的职员，即为“内部创造者”[②]。换言之，创业者具有不同的类型，既可以是个体企业主，也可以是工人、教师等。创业精神的本质是创业者关于创业实践活动的高度凝练，至少包括勇于创新、把握机会、敢当风险、团结合作、自我超越五个方面。创新精神本质的第一关键要素是勇于创新。创业的本质就是创新，因此创业精神的核心也就是创新精神，这就要求创业者通过不断的创新活动，推陈出新，追求卓越。管理学大师彼得·德鲁克（Peter F.Drucker）认为：“创业就是要标新立异，打破已有的秩序，按照新的要求重新组织。”[③]对创业者而言，创业首先就需要将创新的理念不断融入，而创新也意味着在原有的基础上取得突破，从而出现新的方式。创业精神本质的第二要素是把握机会。主要是创业者要善于对环境的趋势和变化进行关注和跟踪，在尽可能获取充分信息的基础上寻找创业实践活动的突破点。创业者也要不断开发新的机会，通过对机会的把握创造更大的价值。创业精神本质的第三要素就是敢当风险。创业精神本身就是一种对机会的捕捉和利用，创业者在捕捉和利用机会的过程中，市场的不确定性、企业间的激烈竞争等因素，容易使创业产生一定的风险。只有敢于担当风险，善于降低或规避风险，才能确保企业的长久发展。创业精神本质的第四要素就是团结合作。一支团结合作的创业团队是一个成功的创业企业的必备基础，创业团队的团结合作有利于形成创业的合力。当然，合作精神也要求团队的成员为人诚信，彼

① 托马斯·艾森曼．艾森曼创业精神是一种综合的管理理念[EB/OL].（2013–05–10）[2023–03–07].http：//www.hbrchina.org/2013–05–10/1163.html.

② 赵勇．就业？创业？——从美国教改的窘室看世界教育的趋势[M].周珊珊，王艺璇，译．北京：教育科学出版社，2014：81.

③ 张光忠．大学创业设计教程[M].北京：中国财政经济出版社，2003：06.

此之间以诚相待，实现真诚合作。创业精神本质的第五要素就是自我超越。自我超越就是要求卓越、创优。从本质上讲，这也是创业精神的归宿。创业者需要不断随现实变化设立新的、更高的目标，从而使企业不断创新，谋求更好的生存与发展。

创业精神作为一种积极的思想观念和精神状态具有持续成长的生命力，所关注的是“是否创造新的价值”，而不在于设立新公司，追求内在的“精神”是创业行为的高度凝练。从总体而言，创业精神对个人和社会的发展具有积极的推动作用，有利于加快经济发展方式的转变，从而促进经济社会又好又快发展。

首先，创业精神是个人实现价值的动力源。一方面，创业精神是对创业者的激励。创业者在创业精神的激励下，能够按自己的意愿做事，并根据自己的意愿开拓自己的事业。尽管在创业实践活动的过程中可能会遇到各种困难，但仍然对创业充满激情和信心，人生价值在创业实践活动中得以体现。另一方面创业精神也有利于对创业者“创造精神”的挖掘。对创业者而言，只有通过挖掘其创业潜质和创业精神，才能培养其创业能力，从而更好地为创业实践活动服务。

其次，创业精神是企业和社会经济发展的推进剂。根据对世界经济发展历史的考证，世界上经济发达的国家大都是创业精神强劲的典范。因此，在社会主义市场经济条件下，创业者需要发现更多的市场机会，及时调整和优化资源配置，进而优化经济结构，最终推动社会经济的转型升级。

最后，创业精神是构建和谐社会的稳定剂。弘扬创业精神不仅能促进企业家的成长，还能推进社会主义和谐社会建设的进程。构建社会主义和谐社会，首要因素就是从社会中不和谐或影响和谐因素的角度出发，将就业问题置于重要方面。就业作为民生之本，可以从创业的角度筑牢根基。通过创业实践活动，可以为社会提供大量就业机会。企业通过投资的增加，也可以扩大就业，从而提高个体生存质量，降低社会的不安定因素。在创业精神指导下的创业，更有利于全民分享发展成果，从而拥有更多的发展机会，最终促进社会的和谐发展，此外，创新精神、创业精神均属创业精神范畴。

从 2015 年开始，“互联网 +”在我国的各个领域快速发展，在大众创业、万众创新的时代背景下，对创业者进行创业精神的培育，对其个人发展和社会发展都有重要意义。一方面，在“互联网 +”背景下培养创业者的创业精神是时代和行业发展的迫切需要。在“互联网 +”时代，创业精神与创业实践活动的有机融合，能够为创业者带来更大、更多的财富和价值。另一方面，在“互联网 +”背景下培养创业者创业精神也有利于帮助创业者不断开创自己的事业，并以此更好地应对未来的各种挑战。此外，对创业者创业精神的培养也有利于帮助创业者提高自身的创业意识和创业能力。创业者在创业的过程中可能会遇到不同的困难和挑战，具备创业精神的人可以更加勇敢地面对困难，从而更理性地解决问题。在“互联网 +”背景下，对创业者创业精神的培养首先需要学习和转变观念。学习是帮助一个人转变思维方式的重要手段，创业者通过学习，能够开阔视野，增长知识，也能提高对社会的认识能力，从而也容易更好地转变观念。其次要大胆实践。创业者在创业的过程中难免遇到问题和挑战，需要在实践中战胜困难，敢于实践也是现代商业精神的重要内容。最后要重视树立正确的经营观念。经营观念是企业发展的导向，树立正确的经营观念要坚持市场的观点、顾客至上的观点。还要以友善的人生观和世界观服务于公众、服务于社会。

此外，也可以通过创业榜样示范、创业环境培育、创业实践的磨炼对创业精神进行培育。一是创业榜样示范创业精神。要善于学习他人的成功经验，也要善于汲取他人失败的教训，通过对创业榜样进行全方位的学习，提升自身关于创业的认知，从而更好地为创业实践活动服务。二是创业环境培育创业精神。一方面要经受竞争环境的考验，创业者要积极参与竞争，努力争取机会，通过竞争的方式提升自身的综合素质；另一方面要经受不利环境的磨砺，要善于承受不同的压力，从抗击创业实践活动压力的过程中学会总结，从而提升自身对创业的认识。三是创业实践磨炼创业精神。以高校为例，高校可从实践的角度深化各项创业活动。如建立大学生创业实践基地，帮助在校大学生寻求更多的创业平台和便利；也可联合政府、企业建立创业实习基地、创业见习基地、创业园等，从产、学、研一体化的角度推进创业活动的有序进行。社区也可以通过提供服务岗位的方式，以具体的实践活动帮助大学生创业者切身感受创业实践活动。当然，大学生自己更需要在学好文化课的同时，有效利用课余时间，积极主动参加各项创业实践活动，通过不同的创业实践活动积累创业经验，增长创业才干，形成良好的创业精神。

3. 创业知识

创业知识是创业者的核心能力，它不仅仅是一种热情、个人经验、勇气和专业知识，更是一种综合性的能力，它可以帮助创业者更好地理解市场、分析竞争环境，并且能够更有效地实现自己的目标，从而使创业者取得成功。创业知识既包括基础知识，如商业知识、市场运作、法律法规等，也包括专业知识，如大学生在校期间所学的专业课程知识及其他知识，这些都是创业者必须掌握的，它们可以帮助创业者更好地实现自己的目标，并且能够更快地实现自己的梦想。管理学、人力资源管理、会计、财务管理、商法、税法、公司法等都是重要的学科，它们都是经济学、市场营销学和法学的重要组成部分。

专业知识主要指创业行业与产品的专门知识。如行业的发展阶段和趋势、组织结构与竞争态势、市场容量和可持续发展潜力、产品的核心价值与形式、产品的设计与生产、产品的价格与销售等。企业经营管理知识主要涉及企业创办程序、管理制度、项目选择、成本控制、市场调查、品牌建设、文化建设、人力资源、市场营销、风险控制等。政策与法律知识能保证创业活动顺利进行，依法创业，在法律与政策允许的范围内合法经营，并用法律知识保护自己的利益，同时充分利用政策性资源和发展机遇。广博的综合知识有利于创业者开阔视野、拓展人脉、发散思维。

4. 创业能力

创业能力是一种极其重要的因素，它决定了一个企业能否取得成功，它体现了一个人的综合素质，包括对知识的掌握、分析和应用，以及如何有效地解决实际问题。它对于企业的发展至关重要，它不仅能够帮助企业实现其目标，而且还能够为企业的长期发展提供强有力的支撑。创业能力是一种综合性的技能，它涉及学习、沟通、领导和决策等多个方面。

能力是完成一项目标或者任务所体现出来的综合素质，它总是与实践相联系。离开了具体实践既不能表现人的能力，也不能发展人的能力。商场如战场，创业者面对风云变幻的创业环境，所能控制的创业资源又十分有限，要做到运筹帷幄，至少需要具备以下几方面的能力。

（1）战略管理能力

战略是依据企业的长期目标、行动计划和资源配置优先原则设定企业目标的方法。因为战略是企业为获取可持续竞争的优势，而对外部环境的机遇和威胁及内部的优势和劣势作出的反应，它是对企业竞争领域的确定，所以战略就是企业的生命线，战略也是企业腾飞的起跳板。一个及时、果敢、英明的战略决策是企业化茧成蝶、由小变大、由平凡到伟大的最初推动之力，错误的战略也会葬送一个企业。战略管理能力包括战略思维、战略规划和设计，是一个创业者的核心领导力。

（2）决策学习能力

正确决策是保证创业活动顺利进行的前提。无论是对商机的迅速捕捉，还是创业过程中所面临的各种竞争与挑战，都需要创业者有正确的决策能力。要正确决策就需要做到以下几方面：一是要求创业者具有较强的信息获取和处理能力，能敏锐地洞察来自竞争对手、政策环境、人力资源、资金周转等各方面所暗藏的各种商机与风险，面对复杂环境需要创业者在没有充足时间分析的情况下迅速反应，形成有价值的应对策略并付诸行动；二是集思广益，不断反思并学习，通过不断地运用创新思维和进行创新实践，总结经验，吸取教训，及时修正偏差和错误，提高决策能力，保证企业的健康成长。

（3）经营管理能力

经营管理能力是指对人员、资金及企业的内部运营的能力。经营管理能力是一种较高层次的综合能力，是运筹性能力，它包括市场开拓能力、生产组织能力、团队组建管理能力、企业文化建设能力、综合应变能力等。

（4）资源整合能力

资源整合能力是指通过组织和协调，把企业内部彼此相关但却彼此分离的职能把企业外部既参与共同的使命又拥有独立经济利益的合作伙伴整合成一个为客户服务的系统的能力。创业者要妥善处理与外界的关系，尤其是要争取政府部门、工商税务的支持。创业者还要处理好各种人际关系，不断拓展人脉、扩大社交圈，通过朋友掌握更多信息、聚集更多资源。良好的人际关系和正确的处世技巧，将有助于个人在事业上的成功。戴尔·卡耐基在走访了近百位名人之后写出《成功之路》一书，该书推导出一条公式：个人成功 =15 % 的专业技能 +85 % 的人际关系和处世技巧；无独有偶，吉米·道南（Jim Dornan）和约翰·麦克斯韦尔（John C. Maxwell）合著的《成功的策略》一书，记录了花了超过 20 年的时间观察成功人士，推导出了相同的公式。

（5）创新能力

创新能力是企业的生命源泉。面对日益复杂的竞争与合作关系、日新月异的科学技术手段、风云变幻的市场环境，没有一种可以复制的创业模式可以让创业者一劳永逸。创业本身就是一项创新活动，创业者要不断反思追问，在技术、管理和营销上不断创新。一个新的管理理念或是新的产品理念，往往给创业者带来惊人的回报。

（6）学习能力

众所周知，创业者的专业技术能力关系到企业的核心竞争力，而学习能力关系到创业者的学习速度能否跟上外界专业知识迅猛增长、科学技术的日新月异的速度。因此，强大的学习能力是创业者必备的能力，创业者的学习能力关系到企业的成长速度。当然，这并不是要求创业者必须完全具备以上这些素质和能力才能去创业，但创业者本人要有不断提高自身素质的自觉性和实际行动。要想成为一个成功的创业者，就要做一个终身学习者和改造自我的人。

5. 创业思维

创业思维是创业者必不可少的一项技能，它可以帮助我们解决问题并规划未来的发展。这种思维方式包括系统性思维、发散性思维、创新性思维和逆向思维。

四、创业环境对大学生创业的影响

（一）教育环境的影响

高校拥有大量的无形资产，巨大的无形资产优势与品牌效应也为企业的快速发展奠定了基础。高校本身的信誉度较高，在市场运作中，其产品更容易被客户认可，产生品牌效应。为了促进大学生的创业梦想，必须培养大学生的创新思维、实践技巧及实践能力。这既是高等教育的历史使命，也是推动教育进步的重要动力。创业教育必须更加创新，以提升大学生的创业潜力。创业教育的重点在于培养学生的创新思维、实践能力及实现自身目标的能力。中国的创业教育发展较晚，但近年来，为了应对就业市场的变化，许多高校都积极推出了一系列的创业培训项目，以帮助学生更好地实现自身的梦想，并培养他们的创新意识。自 20 世纪

90 年代开始的创业教育已经在全国高校铺开。

中国的传统教育模式阻碍了学生的个性发展，导致他们对创新的兴趣不高，并且倾向于追求安逸。因此，采取融合了创业精神与技能的教育模式，可以帮助中国的大学生在未来取得成功。中国高校应该迅速而果敢地推动教育的变革与创新，以培养出拥有创新精神、创新技巧、创新意识的优秀人才。创新创业教育的核心目标在于培养学生的创新精神、实践技巧，让他们掌握创新的基础知识，并在实践中发挥出自己的潜力。通过创新创业教育，可以帮助学生掌握创新创业的基本技能，培养他们的创业精神，让他们在毕业后有勇气踏上社会，实现自身的价值，并为未来的发展打下坚实的基础。为了达到这一目标，必须建立一个完善的教学体系和管理体系，以便更好地培养创新创业人才。

（二）社会环境的影响

社会环境对于大学生创业至关重要，它不仅包括风险投资机构对其项目的关注和支持，还包括政策、法律、商业等多个方面，而且还受到社会舆论的影响。近年来，社会对大学生自主创业的态度发生了巨大变化，不仅影响了学生的就业选择，也影响了他们的创业成功率。特别是新闻媒体对此的报道越来越多，人们的讨论也越来越多，然而，“严重偏离适度”的误解仍然存在。对大学生自主创业吹捧或者过度唱衰都是不可取的，应该正确对待大学生自主创业，正确评价大学生创业。在大学生创业的过程中，行业的发展前景取决于社会、政府的支持，这种关联性是不可忽视的。行业的发展前景越好，大学生的创业热情就越高，而且创业的成功率也越高。

（三）家庭环境的影响

研究发现，大学生的个性特征、社会经历及家庭环境的多样性，使得他们的世界观、人生观、价值观、性格及兴趣爱好等方面也有所不同。此外，创业者的亲友是否拥有自己的企业，也会给大学生的创业活动带来重要的影响。家庭环境、个人背景以及与之相关的社会关系，都可以显著地影响大学生的创业决心和热情。特别是那些曾经参与过创业的、拥有过成功案例的亲戚朋友，他们的见解，更是为大学生提供了宝贵的指导，从而激励他们勇敢地走向自己的创业之路。除此之外，家庭对大学生创业支持与否，从某种程度上是影响大学生是否能够走上创业之路的关键因素。

鼓励大学生创业不仅可以提升他们的能力素质和心理素质，而且还可以为他们提供一个实践的平台，让他们可以更好地融入社会，拓宽视野，增强创新能力，从而获得更多的成功。在创业过程中，通过共同合作，可以更好地了解彼此，并培养出良好的团队协作精神。大学生们总是充满活力，对新的高科技有着敏锐的洞察力和强烈的探索欲望，这些都是促进科技成果走向市场的关键因素。大学生的创业行为为创业教育的改革和发展提供了强大的推动力。无论他们是否取得成功，通过参加创业实践活动，都可以培养出一批具备创新精神、拥有良好职业道德的优秀青年，为未来的社会作出重要贡献。

第二节 “互联网＋”背景下大学生创新创业的路径选择

在经济社会转型升级的关键时刻，创新创业成为一种社会需求的今天，大学生创业是大势所趋，是现实需要。

一、大学生创新创业路径培育

（一）大学生创业的现实需求

1．大学生创业是经济平稳转型的形势所需

随着我国经济社会的快速发展，创新型人才的短缺已成为制约企业转型的一大因素。因此，高等院校的创新创业教育显得尤为重要，它不仅可以提供充足的资源，还可以提供强大的支持，以促进高素质的创新型人才的培养。浙江省作为一个充满活力的民营经济强者，对高素质的创新创业者的需求日益增长，因此，浙江省的高等院校应当抓住这一机会，努力满足当前的市场需求，不断探索和改进，以培养出符合当地实际的创新创业者，激励更多的学子勇于挑战，热爱创业，共同构建一个充满创新精神的社会环境。纵观发达国家，创业已成为一种潮流，成为社会经济快速发展的不竭动力，创新创业教育无疑成为增强国家经济实力、解决就业问题的一个良策。

2. 大学生创新创业教育已成为高等教育改革的必然趋势

在2015年第十二届全国人民代表大会第三次会议上，李克强总理在《政府工作报告》中指出，要把大众创业、万众创新打造成推动中国经济继续前行的“双引擎”之一。同年，他强调，推动大众创业、万众创新是充分激发亿万群众智慧和创造力的重大改革举措，是实现国家强盛、人民富裕的重要途径，要坚决消除各种束缚和桎梏，让创新创业成为时代潮流，汇聚起经济社会发展的强大新动能。社会对创新创业人才的渴求史无前例，也必将推动高等教育改革加速进行。高等教育改革将势不可挡，创新创业教育是高等教育改革的有力突破口，是高等教育尤其是职业高等教育的必然选择。

早在1998年，世界高等教育会议上发表的《高等教育改革和发展的优先行动框架》强调指出，“高等学校，必须将创业技能和创业精神作为高等教育的基本目标”，要使大学生“不仅成为求职者，而且逐渐成为工作岗位的创造者”。

3. 创业成为大学生自我发展的需要

大学生是国家未来的支柱，他们拥有极高的责任感，是知识的宝库，他们渴望获得更多的成功，为国家的发展作出自己的贡献，而创业则是他们实现这些梦想的最佳途径之一。通过创业，大学生可以充分展示自己的智慧，为社会带来更多的价值，还能够提升个人的人生价值，能够激励更多的人就业，帮助他们实现就业，最终促进社会的和谐与稳定。

当前，我国大学生就业形势十分严峻，一方面是需求量不足，另一方面是大学毕业生的薪资水平较低。为了应对这一现状，许多大学生选择了创业，以寻求一份自己满意的工作机会。

（二）基于互联网环境下大学生创新创业路径培育

随着互联网技术的迅猛发展，它已经深刻地影响了人们的日常生活，这也不可避免地影响了高等教育。因此，教育改革的呼声也日益高涨，而“互联网 +”技术的应用则为高校创新创业教育提供了一个有效的解决方案，它的建立将会带来重大的意义。

第一，针对大学生的特殊需求，可以采用“互联网 +”技术，打造一个多层次、全天候、广泛覆盖的自主学习课程体系，比如，开发一个专门的创新创业教育网站，包括创业经典故事、创业在线课堂等，将学生在线学习的次数和时长折合成课时，并将其作为学分计入；此外，还可以推出“碎片式”手机 APP，提供一定的流量补贴，鼓励学生在任何时间、任何地点学习创业课程；另外，建立一个校园内的创业微信群，可以让更多的人参与到创业的中。为了帮助创业者提高能力，建立一个专门的创新创业教育平台，并定期组织各种活动，以培养出一批具有影响力的企业家。

第二，利用互联网的优势，建立一个具有创新性的创业文化体系。针对学生的个性特点，组建一个创新创业教育社团，并以此为基础，不断增加资金、物质投入，积极开展创新创业教育活动，打造一个具有影响力的品牌活动，营造一个良好的创新创业环境；同时，利用学术期刊、校报校刊、校园广播、橱窗板报、校园文化长廊、网络等多种媒介，积极宣传创业文化，推广成功的创业案例，激励学生积极参与，培养他们的创新精神，激励他们走向成功。通过给予学生更多的表彰和奖励，来提升他们的创业热情，并全面激发他们的创业潜能。浓厚的创新创业教育文化氛围，能在潜移默化中使学生的创业知识得到增加，创业意识得到提升，创业意愿更加强烈，从而促使大学生增加创业的内在驱动力，迈出创业的第一步，使自身的理想和专业技能有机结合，最终成功创业。

第三，利用互联网技术的优势，为学生提供全方位的咨询服务。当今，互联网技术的发展日新月异，谁不能充分利用它，谁就会失去主导权。青年大学生是互联网的主要使用者，因此，高校应该开发相关的 APP 手机客户端，及时向学生推送有关创业的知识和讲座信息，让他们在学习中体验创新创业的乐趣；同时，建立一个网上创业答疑系统，随时回答学生的提问；此外，还应该建立一个本校的创业微信群，让学生们可以更加深入地了解创业的精髓，从而更好地实现自己的梦想。加大投入为有创业梦想的学生提供一个完善的交流平台，以便他们可以实时、有效地与企业家进行沟通，并且可以共享信息，从而为他们提供一个实践创业的机会，帮助他们找到最佳的创业项目，并在这里实现自己的梦想。

第四，基于互联网技术构建创业实践体系。创业是一种实践性很强的活动，要利用“互联网＋”技术设置一系列创业实践活动，改变传统的实践方式。例如，为了更好地推动创业发展，建立一个综合性的创业实践平台，包括网络模拟创业、“互联网＋”技术建立的网上大学生创业园、学生创业公司和远程创业视频系统，以及与创新创业教育专家和创业成功人士的互动交流，以此来强化创造性、实践性的特色。为了确保实践基地的有效运作，相关主管校领导应该牵头负责，并建立一套长期有效的机制及一套完善的考核制度，以激励学校各部门积极参与到学生的创新创业教育中来。此外，为了确保实践基地能够发挥出最大的效用，应将其纳入日常教学管理工作，并且加大对其的预算投入，以确保其在人力、财力、物力等方面的充分发挥。

第五，基于“互联网 +”技术，可以构建一个完整的创新创业教育评估体系。在实证研究中发现，仅仅依靠创业综合素质、创业能力的提升、创业学生的数量这些指标是无法完整反映创新创业教育的真实情况的。因此，可以借助“互联网 +”技术，建立一个以创业率、创业成功率、创新创业教育的影响力等因素为核心的创新创业教育评估体系，并通过建立相应的模型来进行评估。通过大数据分析，可以获取有价值的信息，从而促进创新和创业教育的可持续发展。

第六，建立相应的创新创业指导服务机构，如图 5-2-1 所示。

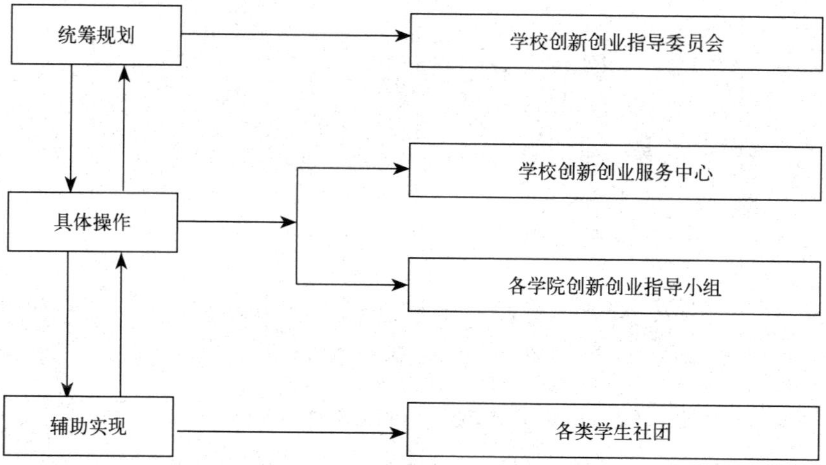

图 5-2-1 大学生创新创业指导服务组织

二、大学生创新创业路径模式

（一）大学生创业路径演绎规律模型

在创业实践中，大学生需要不断学习和模仿新的市场环境，并且要适应不断变化的创业模式。因此，需要从一个动态的、发展的角度来看待大学生的创业。大学生创业模式的发展历程充满活力，它不仅要求内部资源的充分利用，还要求创新者把握外部机遇，并且要求外部资源持续优化，以实现最佳的发展效果。不同类型的初创企业，其发展模式和资源能力各异，因此其发展路径也各有不同。根据初创企业的特性和资源优势，可以将其内部发展划分为五种不同的路径，如图 5-2-2 所示，每种路径都有其独特的优势和劣势。

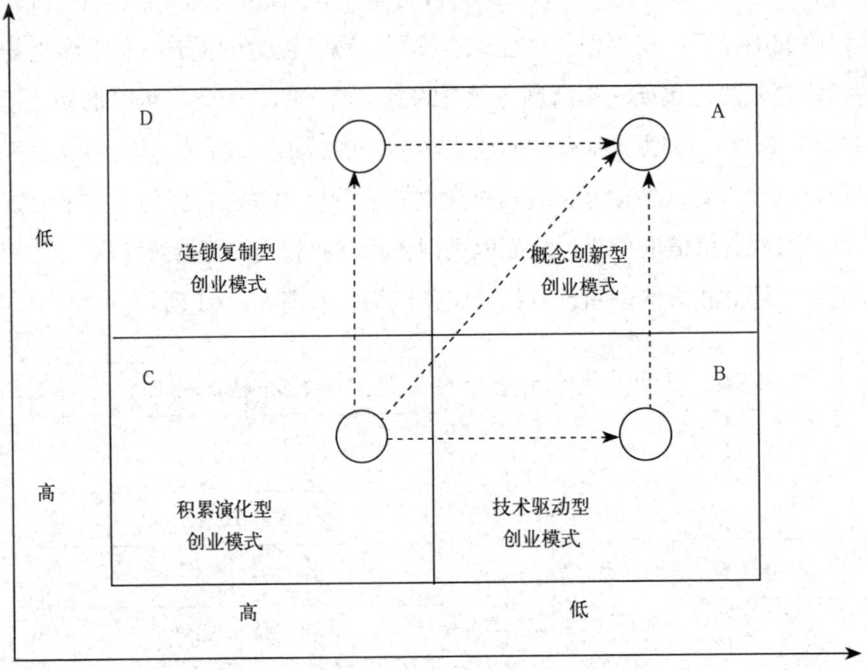

(1) D→A 路径：从连锁复制型创业模式向概念新型创业模式演化。

(2) B→A 路径：从技术驱动型创业模式向概念创新型创业模式演化。

(3) C→A 路径：从积累演化型创业模式向概念新型创业模式演化。

(4) C→D→A 路径：从积累演化型创业模式经由连锁复制型创业模式向概念创新型创业模式演化。

(5) C→B→A 路径：从积累演化型创业模式经由技术驱动型创业模式向概念创新型创业模式演化。

图 5-2-2 创业路径演化模型

（二）学生组织拓展大学生创业路径

高校学生组织应该充分利用学生的优势，为他们提供更多的机会，以促进他们的创新能力和创业精神的发展，为他们提供一个良好的创新环境，培养他们的创新思维和创新技能。

1. 各类学生组织促进大学生创业的重要性和可行性

为了更好地促进大学生创业，应该充分利用高校基层学生组织的优势，并结合党和政府的期望、社会对人才的需求以及青年学生的实际情况，努力实现经济社会和个人的共同发展。除了为学生组织带来更多的发展机遇，还可以为青年群体提供更多的支持，赢得他们的信任和认可，进而提高学生组织的凝聚力和核心竞争力。

高校学生组织应该不断提升自身的组织能力，积极拓展校园服务和社会职能，以期为青年学生提供更多的就业和创业机会，并且利用先进的教育理念、科学的学习方法、创新的行为模式及丰富的人脉资源，为他们提供更多的发展空间。高校学生组织应该充分利用自身优势，积极探索前沿的科技发展，激发学生的创新热情，培养他们的创新精神，提升他们的创新能力，从而有效推动创新创业活动的发展。

2. 大学生自主创业的现状及存在的问题

近年来，随着时代的发展，高校对大学生创业的支持政策越来越多，学校不仅开设创新创业教育课程，还通过创业实践或模拟创业等形式，为学生提供实践机会，帮助他们更好地实现创业梦想。参与自主创业活动对大学生来说是一种极具价值的机会，它不仅能够提高学生的实践能力，帮助他们实现更好的发展，还能为社会作出贡献，为更多的青年创业者树立榜样，同时也有助于提升就业率。随着社会发展的不断推进，越来越多的学生毕业后选择自主创业，这种趋势正在不断加剧。然而，由于资金匮乏、社会交际圈子狭小等原因，许多创业最终以失败告终。目前，中国大学生创业面临着诸多挑战，如：创业者资金匮乏、管理经验不足、心理承受能力差以及就业创业理念过于陈旧等；高校提供的就业创业指导缺乏系统性，指导内容和范围较为狭隘，大多停留在理论知识介绍阶段，缺乏实际的指导规划，这些都是影响大学生创业的重要因素。

3. 各类学生组织进一步促进大学生创业的路径

高校学生组织应该积极参与到大学生创业中来，充分利用自身的优势，挖掘潜力，为他们提供全方位的支持。高校基层学生组织应该根据高校的教育规律、人才培养目标及学生的成长需求，结合自身的特点，为学生提供良好的创业环境，鼓励他们勇于创业，实现自己的梦想。基层学生组织可以通过提供政治和思想支持来促进大学生创业。

一是这些组织在思想政治方面有着丰富的经验和传统，因此应该将思想教育作为首要任务。通过这些措施，可以激发大学生的创业活力，为他们提供更好的发展动力。

二是通过建立健全的学生组织网络，充分发挥其覆盖范围广的优势，积极推动学生创新创业。学生组织拥有完善的组织机制，涵盖了多个领域，其架构明确，从校学生会、院学生会，到每一个班级，以及每一个独立的学生支部和院学生会，形成了一个紧密的网络，使得学生的工作变得更加高效、便捷，同时，上层也能够及时地收集和传达下层的信息，以促进学生的发展和成长。通过深入了解学生的需求，可以提供优质的教育服务。

三是为了提升学生的创业素养，应该充分利用学生组织的文化阵地优势，以更好地满足新时代青年学生的需求。这些学生拥有独特的心理特征，他们拥有创新精神，对自我价值的追求更加积极，充满活力，这些都为他们的创业活动提供了良好的基础，从而使他们能够在激烈的竞争中取得成功。然而，为了让这种优势得到充分发挥，学生组织应该采取适当的措施来处理这一类青年学生，不仅要保护他们的创业激情，还要通过系统的教育和培训来提高他们的创业能力。学生组织作为一种勇于挑战传统、追求创新的先锋力量，利用其文化优势，能够更好地协调各方关系，为青年学生提供更多的创业机会，实现他们的创业梦想。

四是充分利用学生组织的优势，建立一个创业平台，并举办各种创新创业教育和实践活动，以提高学生的创新能力和创业意识，增强他们的综合素质，降低创业风险。这样，可以更好地帮助学生实现自己的梦想，并为他们的未来作出贡献。为了提升大学生的创业能力，应该制订一个素质拓展计划，并进行相应的培训。为了解决目前大学生普遍存在的缺乏耐心、实践能力、社会经验和合作意识等问题，应该积极开展素质拓展活动，通过组织各类社会实践和志愿活动，培养学生的实践能力、社会责任感和创新精神。吸收各个高校的先进经验，将素质拓展计划落实好，确保其高效实施。

五是充分利用学生组织的社会资源，可以为学生提供一个创业的平台。由于学生组织拥有广泛的社会资源，包括人力资源和财政资源，并且由于它们的工作范围广泛，所以它们具有很强的社会化运作能力，为学生提供了丰富的社会资源。学生组织应该积极利用各种资源，为大学生提供更多的创业机会，促进他们与社会共同进步，实现双赢的局面。青年学生可以通过参加学生组织的活动来提高自己的组织能力、管理水平，并且可以积累创业经验，同时也可以通过参加学生组织的活动来吸引优秀的人才，促进合作。学生组织在这一过程中扮演着重要的桥梁角色，它们为青年学生提供了丰富的校友资源和资金支持。通过利用校友资源，可以为在校生提供专业的职业分析和实践经验，以帮助他们更好地实现自己的创业梦想，避免陷入就业困境。此外，学生组织主要是通过社会捐助或贷款、基金等形式，为大学生创业提供资金，促进大学生创业项目的发展。

（三）政府支持下的大学生创业路径

20 世纪 60 年代，国外学者研究发现，创业对于促进国家的经济发展、促进就业具有积极的作用。英国政府强调，大学应该与工商业界建立紧密的联系，将服务社会作为其首要任务，并采取多种措施，如专利转让、设立学术园区、开展合作研究项目等，以促进社会经济和科技的发展。中国正在努力为大学毕业生提供有利的条件，以支持他们自主创业，并制定了一系列有助于他们发展的政策和措施。然而，我们也必须认识到，中国正处于一个转型期，与欧美国家相比，中国大学生创业者承受的压力更大，他们所需的各项服务尚未完善，创业政策尚未完全有效实施，创业的制度环境有待改善，大学生创业的社会配套体系也尚未得到完善。

1. 倡导创业精神，营造全社会尊重和包容创业的舆论氛围

我国社会中存在着对创业的惰性，加之创新创业教育的缺失，又导致了大学生创业素质的缺乏，使许多大学毕业生不敢创业、不愿创业、不会创业、不能创业，这成为大学生就业和创业的阻碍，严重制约了大学生创业的积极性。因此，政府应该采取多种措施来促进大学生的创业，包括：提供充分的机会，激发其

创业热情；制定完善的政策，支持其创业梦想；建立健全的社会舆论环境，引导其正确的价值观，弘扬“走遍千山万水，说遍千言万语，历尽千辛万苦，想尽千方百计”的创业精神，以激发其创新创业的热情，激发其创业潜力，推动其发展壮大。

2. 加强制度创新，增强对创新创业教育的宏观指导和行政推动

国家的指导思想、政策导向及管理取向是推动高等学校创新创业教育发展的重要因素，因此，为了更好地实施这一教育体系，国家及其相关部门应当加强宏观指导，积极推动相关工作，以促进高等学校创新创业教育的发展。从小就开始培养青少年的创业意识，在职业教育和高等教育阶段，更加注重培养他们的创业素养和能力，将创新创业教育纳入国家教育体系、国家教育发展规划、青少年思想教育、素质教育及职业生涯发展教育，以促进他们的全面发展。

3. 加大扶持力度，优化大学生创业的政策环境和法治环境

政府应该积极思考如何更好地帮助大学生接受创新创业教育，并为他们提供有效的政策支持。在制定政策时，应该从实际情况出发。大学生是国家未来的希望，应该给予他们特殊的关注，并且在制定或调整政策时应该更加实用和优惠。为了促进大学生创业，政府应当加强对其的鼓励、支持、引导和服务，消除一切阻碍创业的体制性障碍，建立健全法治环境，并且要深化公共政策和法规机制的改革，加强政府行政管理机制的建设。

4. 搭建创业平台，完善大学生创业的社会配套体系

目前，中国的创业教育研究仍然采用传统的教育体系，尤其是大学，而且社会上对创新创业教育的了解也非常有限。与此同时，美国的创业教育已经取得了长足的进展，已经建立了完善的社会体系及全面的教育研究体系，其中涵盖了大量的创业学课程，以及众多的孵化器、科技园、风险投资机构、创业培训机构、创业资质评定机构、小企业开发中心、创业者校友联合会、创业者协会等，为创业提供了更加全面的支持。通过建立一个由大学、社区、企业共同参与的创新创业教育生态圈，能够更好地利用社会上的多种创业资源，实现共同的发展。美国大学与企业之间的关系十分紧密，学生们积极参与到项目研究中，他们的学术成就对企业的发展起到了至关重要的作用。因此，政府有责任积极推动大学生创业，并且制定有效的政策措施，以促进大学生的创新能力的培养。第一，需要构建一

个由政府领导、高等院校为核心、企业为支柱、全社会共同参与、家庭支持的“五位一体”创新创业教育模式。第二，需要在政府的大力推动下，建立一些非营利的第三方机构，为高等院校的创新创业教育提供非政府资助，减轻学生的学习负担；第三，建立积极扶植大学生创业的中介机构，使之为大学生在创办企业、产品开发、科研成果转化中寻求相关企业、资金的支持，以及在法律、政策咨询等多方面为大学生创业架通桥梁，搭建平台。

第三节 创新创业教育与就业指导融合发展路径探究

“互联网 +”是创新 2.0 时代下的互联网与传统行业融合发展的新形态、新业态，是创新 2.0 直接推动下的互联网形态演进，不仅改变了人类社会的生产生活方式，还引领了创新驱动发展的新常态。如何对大学生就业进行以“互联网 +”为时代背景的理论和实践并重的创新性引导，在就业指导教育中培养学生创新创业能力，将创新创业理念贯穿于整个就业指导教育，既是各大高校重点关注的热门话题，更是当前中国社会快速发展的需求与人才培养相结合的重点建设课题之一。

一、“互联网 +”创新创业教育与就业指导的融合

1. 就业指导

就业指导是一种以市场需求为出发点，对学生的职业生涯规划、学生职业生存所学等方面进行综合指导的一门教育性课程。目前高校的就业指导工作对于帮助学生掌握就业技巧、认清社会形势、解读国家就业政策等方面均有很大辅助作用，已经成为高校就业指导的重点。其不仅可以提升学生就业的竞争力，还能提高学生顺利就业、更好就业的成功率。2021 年，全国高校毕业生达到 909 万人，比 2020 年增加了 35 万人；2022 年高校毕业生更是达到 1076 万人，创历史新高。2019 年人社部提出将以离校未就业的应届或往届毕业生为辅助重点，帮助其更好更快就业，促进毕业生就业创业计划和基层成长计划的展开，用好“互联网 + 就业”模式，积极促进用人单位和高校毕业生岗位对接。当前就业形势异常严峻，

切实加强学生自主创新创业能力，有助于完成学生更好更快就业的目标。高校坚持以先进教育思想为指导，大力推进双创教育，通过将创新创业教育与就业指导相融合，构建知识传授、能力培养和人格塑造的高校教育培养模式，提升大学生全面素养、促进学生全面发展。

2．“互联网＋”创新创业教育与就业指导

融合创新创业教育与就业指导不仅能够培育出集创新精神和实践探索精神、创业意识与实际操作和管理能力于一体的全方位发展的学生，还能提升学生的创业基本素养，培养其自身个性，使其在就业过程中能够制订出最适合自身发展需求的职业规划，走上就业之路，满足社会发展需求，进而通过创业开办新型企业，发展自身事业，也为社会创造大量就业机会和岗位。相比国内而言，国外教育理念更加灵活，对人才培养的定位也较为宽泛，受限较小，发达国家的院校所开设的创业教育课程体系均较为完整，创业气氛更为浓烈。我国已迈向高等教育大众化阶段，产业经济正转型升级，创新教育理念，将创新创业教育与就业指导相融合，有利于培养出社会需要的人才。

二、“互联网＋”创新创业教育融入就业指导面临的挑战

1．缺乏对互联网负面效应的认知

传统的运营管理模式下，客户难以有良好的服务体验，“互联网＋”的出现正好解决了这一点。网络就像一把双刃剑，给人们生活带来极大便利的同时，也充斥着大量不利要素，容易使得创业初期和发展困难期的大学生在创业过程中遭受大量外界诱惑和挫折。往往有一部分大学毕业生把创业当作逃避就业的一种途径。就业形式有许多种，创业也是其中一种，且相对其他应聘性职业而言需付出更多心血。面对“互联网＋”时代的信息轰炸，如何培育大学生的价值观念受到了新的挑战。

2．缺乏科学的人才培养理念

许多高校将创新创业教育课程等同于通识教育课程，甚至把创业创新与就业指导教育画上等号，课程内容千篇一律，完全没有做到因人而异、因专业而异，课程缺乏针对性。想要改变这样的现状，必须从根本上重视创新创业教育，走出认识上的误区。通过双创教育培养学生的创新精神与创业能力，同时培育学生的

独立学习与思考能力，为学生今后的发展提供更多可能性。

3. 缺乏融入双创的课程体系

许多大学生都有一种象牙塔般的学习状态，既没有足够的独立能力，缺乏足够的学识，又没有创新探索的精神。一部分原因是我国许多高校的教学模式还停留在传统的对专业知识的传授上，并没有足够重视对学生创业创新意识的培养。虽然目前许多高校开设了创业创新课程，但基本上都属于纸上谈兵，内容停留在书本中，与实践脱节；范围停留在课堂上，与社会绝缘。尽管创业创新课程和就业指导课程地位不断上升，已经在高校全面普及，列入了公共必修课或必选课，但在课程组织形式和教学方式上，多为课堂授课和讲座方式。普遍重视理论教学，忽视实践和实训教学，课程缺乏实效性。这很大程度上是由于今天的高等教育不注重双创教育和就业教育的融合并重，既没有有效地引导学生价值观并指引其就业，对他们的群体差异也缺乏足够细致的考量。同时双创教育发展不够迅速，难以满足社会对创业创新人才的需求，这些问题也应归咎于相对落后的课程体系。

4. 缺乏专业化的师资队伍

在教师配置方面，创新创业课大多由其他非专业人员兼职担任，其中包括辅导员、各部门行政人员等，他们自身本就有繁重的本职工作，因此，在创新创业课程的研究上难以投入全部的精力，导致高校中的创业创新指导课质量难以保证。在教师素质方面，许多教师在入职学校之前，自身缺乏足够的企业工作经验和自主创业经历，对于讲求实效的创业创新课程来说是一种严重的缺陷。在教师制度保障方面，创新创业课程的指导老师相比于其他专业课老师而言，在奖励机制、职称评定等方面客观上存在着差距。这就导致双创课程老师缺乏足够的动力。总之，就业指导人员数量不足，质量上也存在不少短板，不能充分利用“互联网＋”时代的新媒体和新技术，学校难以形成专业化的教师团队，对于指导学生就业而言显然力有不逮。

三、“互联网＋”创新创业教育融入就业指导路径探究

1. 以“互联网＋”为服务手段，教育工作精细化

随着互联网的普及，许多大学生在学习工作时，都善于利用互联网进行辅助。

而高校应当充分重视这一情况，努力开创“互联网＋”就业引导新模式。应结合互联网技术，加强和完善大学生就业服务网络平台建设，积极推送相关内容，为大学生就业开辟一条线上与线下相结合的服务道路。并利用校园网、客户端及微博等网络平台创新服务模式，帮助大学生进行网络职业测评、远程面试等，提高大学生就业效率。除此外，高校还需要对大学生进行思想教育，鼓励和引导他们适应“互联网＋”新就业模式，且目前几乎所有大学生都对网络并不陌生，所以高校的这一新模式将很容易得到普及与应用。但是，在利用“互联网＋”模式指导学生就业时，也很容易出现一些问题。

众所周知，互联网平台属于一个开放的公共平台，平台内信息量庞大，难免存在信息失真情况。大学生在利用互联网进行求职的过程中就很容易被卷入诈骗漩涡，并且实践证明这样的现象并非偶然，而是时有发生。因此，高校在推行“互联网＋”就业引导新模式的过程中，需要采取措施提升学生对虚假信息的辨别能力，帮助他们在互联网信息海洋里不受虚假信息的阻碍，能够尽情畅游。同时，高校还需要及时地将与学生就业相关联的国家政策告知学生，给予经费支持，并鼓励引导学生培养“互联网＋”创业思维，参加“互联网＋”活动，孵化“互联网＋”创意，利用“互联网＋”新模式进行创业。

2. 以就业能力为主导，融入创新创业教育理念

教育主体如何看待教育本身，如何思考教育现实，皆能够从其教育观念中体现出来。要想让创业创新教育理念深入人心，就必须实施教育改革，在教育内容及教育方法上进行革新，摆脱陈旧落后教育思想对教育活动的影响。因此，高校在对大学生进行就业指导时，也需做好宣传创业思想，对于有创业意向的大学生要进行系统的调查了解，为他们提供创业所需要的知识基础，并对他们进行有效的创业指导教育。高校应该加强创新思维和创业能力的培养，以更好地帮助毕业生应对就业市场的挑战。目前，我国的毕业生就业形势并不乐观，因此，高校应该加强对学生的创新创业教育，鼓励他们勇于挑战，为他们的未来发展提供更多的机会。针对这样的情况，高校必须对学生进行创新创业教育，鼓励毕业生积极创业，从一定程度上缓解毕业生的就业压力。高等教育的核心任务之一是提供就业指导，它能够帮助学生们从毫无头绪走向拥有良好的职业技能，拥有更强的市场竞争力，更加清晰地认识到自己的就业目标和价值观，从而更好地适应当今社

会的发展和人才的需求。通过提供有效的就业指导，我们不仅要帮助学生树立正确的创业观，提升其创业技能，还要引导他们把创新的思维融入日常的工作和生活中，从而推动就业，并让他们在创业的过程中获得的成功。

3. 以就业需求为重点，完善双创教育课程体系

为了更好地培养学生的创新创业能力，应该将就业教育和创新创业教育有效地结合起来，鼓励他们围绕自己的专业进行创业。为此，应该建立一套完善的创新创业支持和激励机制，以满足当今社会对高校毕业生就业能力的多样化要求。应该根据不同专业的特点，设置基础课程，并结合就业需求，设置专业课程，同时也应该考虑到学生的个性特点，设置选修课程，以便让他们更好地发挥自己的潜能，实现自己的梦想。为了培养复合型人才，应鼓励学生在本学科领域的其他专业中选择辅修课程。此外，还可以通过举办各种竞赛来激发学生的创新积极性，比如“互联网+”大学生创新创业比赛，这些比赛既能促进学习，也能提升教师的能力。

4. 以“内引外联”为原则，组建多元导师团队

为推动高校的创新创业体系改革，不仅需要思想观念的转型，更重要的是需要一支具有较强专业素养的创新创业指导团队的加入，这就需要“内引外联”的原则，即建立“双师型”的创业指导团队以及“内引”的激励机制，来增强指导团队的使命感和荣耀感，从而让他们能够更好地完成职责，并获得更多的价值认同。“外联”旨在通过与企业的合作，加强教师的专业素养，并且建立一个专属的导师库，来帮助大学生更好地进行创业和就业。“外联”的目的在于通过提升教师的综合素质，来促进高校的创新教育。高校还可以组织教师参与培训，进入企业开启实践培训之路，鼓励教师亲身参与到创新创业活动中，积累经验，帮助他们在日后的教育活动中有效提高教学质量，这对学校、学生及教师自身的发展都具有重要意义。进入新时代以来，大众创业、万众创新受到了高度重视，为了满足时代的发展，必须将创新创业思维植入当代人的心中。伴随着信息网络时代的冲击，“互联网+”创新创业教育模式目前已成为高校教育必不可少的一项内容。为了适应信息化时代的挑战，应该充分利用专业优势，培养出一批又一批能够满足市场需求的高素质人才。同时，还应该根据当前的就业情况和过去的成功案例，制定一套科学合理的创业和就业指导方针，帮助大学生树立正确的就业和

创业意识。高校应该把创新创业教育作为一项重要任务，以满足社会对专业技能的迫切需求，同时也为毕业生提供良好的职业发展环境。为了达到这一目标，高校应该积极推进理论与实践相结合的教学模式，以及加强就业指导，以期能够有效地减轻毕业生的就业压力，促进高等教育的可持续发展。

第六章 “互联网＋”大学生校园创新创业项目分析

创业竞赛的手段和方法弥补了现阶段我国开展创业教育手段和方法的不足。创业竞赛可以通过软件教学、创业计划书编写、模拟创业流程等手段，更好地推动创业竞赛的开展，使创业竞赛达到更好的效果。为了更好实现创业型人才的培养，越来越多的学校将创业竞赛纳入学校实验项目，作为课程的一部分，不断丰富竞赛内容。本章介绍了三个不同类型的大学生网络创业实践项目，分别为：陕西皮影文化宣传推广方案、优科网络校园工作室、生鲜电子商务——鲜优网，可为读者提供一些创业实践和创业训练的借鉴。

第一节 陕西皮影文化宣传推广方案

陕西皮影文化宣传推广项目立足于陕西非物质文化遗产——皮影，开展网络营销和创业实施。团队运用微博、网站等多种互联网技术对陕西皮影进行网络宣传，并搭建网站平台及淘宝店铺进行皮影产品销售，该项目荣获第五届大学生网络商务创新应用大赛西北赛区特等奖、全国赛区一等奖，并入选全国大学生网络商务创新应用大赛优秀案例选辑。

一、项目简介

（一）项目背景分析

中国是一个文化遗产丰富的国家，但随着经济的快速发展，文化遗产的保护已成为一项极具挑战性的任务。为此，政府各部门包括财政部、文化和旅游部、住房和城乡建设部、教育部、国家文物局等采取了一系列措施，以确保文化遗产的完整性和有效性，并为人们提供了一条通往历史文明的道路。但令人遗憾的是，平均每天都有一项非物质文化遗产在消失。因为非物质文化遗产无形、易逝、口传心授等特性，资源流失状况要比物质文化遗产更为严重。一些传统技艺、习俗、礼仪传承后继乏人，在逐渐衰退或消失，因此，如何贯彻科学发展观、构建和谐社会，处理好经济繁荣与非物质文化保护与传承的关系，为人类传递一份珍贵、不可替代的财富是需要人们思考的问题。

（二）皮影文化的需求分析

随着时代的发展，我国皮影市场发展迅猛，产品产量不断增加，国家政策也大力支持皮影产业转型升级，新投资项目也不断涌现。社会对传统文化的尊重和重视，以及投资者对皮影市场的热情，使得皮影产业受到了全社会的广泛关注。皮影艺术有着巨大的潜力，具体分析如下。

1. 大学校园的潜在需求

在中国，目前全国有几千万在校大学生，这些人构成了一个庞大的校园市场，这个市场对整个皮影需求市场的贡献是不容忽视的。大学生是一群受过良好教育的高素质人，他们拥有独立思考和消费的能力。他们大部分时间都在校园内活动，因此校园市场成为一个充满活力的文化交流中心。

2. 学龄前幼儿的潜在需求

21 世纪的青少年正处在一个充满高科技的信息时代，他们对传统文化的认知越来越模糊，学龄前儿童是祖国未来的希望，因此，政府应该加强对学龄前儿童传统艺术的教育，以培养他们的文化素养。通过皮影戏活动，可以帮助幼儿更好地了解民间艺术形式和文化内涵，激发他们对民间艺术的兴趣，培养他们的民族自豪感，促进他们语言表达能力、创造力、探究力、思维能力和合作能力的发展，培养他们自主、独立、勇于挑战困难的精神。

3. 收藏界的需求

皮影文化在收藏界一直处于萌芽阶段，与其他皮影相比，老皮影的投资价值更高。例如，明清时期的皮影，质量优秀的每张都能卖到数千元，特别是那些有故事情节的古旧大幅皮影，它们的增值潜力最大，因为它们拥有完整的布景、人物等内容。对于初学者来说，皮影收藏的难度并不大，此外，现代雕刻技艺的仿古皮影在古玩市场上的价格相对较低，一般在几十元到上百元之间，具体情况可参考表 6-1-1。

表 6-1-1 各地皮影市场价格

名称	特点	价格
陕西华阴地区	皮影出类拔萃，但存世量太少	1000 元左右
四川大邑	皮影价格不稳定，市场变化大	500 元以下
冀东	皮影民间持有量较大	1000 元左右
山西孝义	皮影市场受欢迎，做工精良	1500 元以上
河南灵宝	皮影市价相对较低	400 元以下

（三）皮影文化的宣传推广与电子商务结合的 SWOT 分析

1. 优势（Strengths）

由于生产皮影产品的中小企业实力较弱，经营范围窄，抵御风险的能力较差，往往集中力量于特定产品和细分市场，或者满足特定顾客群的特殊需要，从事专业化、精细化、特色化经营以赢得竞争优势，这需要建立一套高效、灵敏、准确的信息收集通道，做到信息灵通、反应快捷，以互联网为基础的电子商务系统即可有效提高企业的竞争力。

2. 弱势（Weaknesses）

由于皮影艺术缺乏创新性和传承性，缺乏新剧目的研究和推广，以及活动场地有限，导致人们对皮影艺术缺乏认识和关注，同时，制作商的财政和市场开拓能力也相对较弱，这些都导致皮影艺术的发展受到了严重的阻碍。因此，将其与电子商务相结合是十分必要的。

3. 机会（Opportunities）

“十二五”规划中提出的对文化产业的支持、西安旅游业的发展及城市的发展给皮影文化带来的市场、电子商务的发展等，是机遇和挑战并存的。调研背景中展示的“陕西省文化厅 2012 年公共预算拨款支出明细表”中预算拨款支出中用于艺术表演团体的费用支出占据的比例是最大的。

4. 威胁（Threats）

由于公众对于非遗文化的重视程度较弱，以及缺乏资金投入，这些问题导致了非遗文化的传播和发展面临许多挑战。此外，外部文化和现代文化的涌入，也给皮影文化带来了巨大的挑战，从而导致其在市场上的份额急剧下滑。由于非物质文化的缺乏，使得它们的宣传和推广遭遇了严重的障碍，因此，皮影文化的发展和普及面临极其严峻的考验。

（四）陕西皮影文化宣传推广策略

1. 线下推广

（1）2011 年 11 月 27 日，联合国教科文组织保护非物质文化遗产政府间委员会第六届会议决定，把中国皮影戏列入“人类非物质文化遗产代表作名录”。因此，皮影文化拥有了自己的节日。

（2）为了弘扬皮影文化，特别组建了一支由志愿者组成的皮影文化宣传小组——狼影团队，每年 11 月份，小组都会组织一系列的皮影文化活动，让学生们可以亲身体验皮影的魅力，同时也可以把皮影带回家乡，让这种传统的艺术更加深入人心。通过学校的教育，希望能够将这种艺术推广给更多的人。同时，也希望能够吸引更多的民间资金，建立皮影文化产业园，打造一个集制作、表演、销售皮影工艺品、体验皮影艺术的综合性文化旅游胜地，促进皮影艺术的传播与发展。在这种情况下，制订的一个皮影文化活动计划如下。

将通过狼影团队和学校文化宣传推广志愿者的共同努力，组织一场精彩绝伦的展览。将准备 500 份名片，并利用二维码技术将团队信息和相关的促销优惠信息融入其中，从而为此次活动作出充分的宣传，并且还将采取线上的方式来实施。利用端午节假期，让学生们返校，以“皮影，狼影，中华之影”和“灯火相传，月舞影动”作为主题，进行有力的宣传和推广，从而提升社会影响力。

（3）活动实施方案：①前期准备企业进货，团队点货；②宣传人员进行宣传，分发名片；③展销会场搭建；④人员安排分工；⑤文化展示，皮影产品展示；⑥销售＋组合促销；⑦销售的同时进行现场讲解；⑧活动结束；⑨整理分析：提出下一步的策划。

2．线上推广

（1）狼影团队在淘宝网上开设了网页版和手机版的淘宝网店，以满足消费者的需求，同时，他们还利用网站宣传和移动电子商务的优势，让消费者可以在任何时间、任何地点，轻松获取最新的产品信息，并实现购物。狼影团队完成了一个精心设计的网站，它可以发布团队和产品信息，并且提供详细的联系方式，以满足消费者的需求，2013 年 7 月，这个网站被推向网络平台，实现了购物、在线交流、加盟等多种功能。

（2）狼影团队利用新浪微博的强大影响力，大力宣传自身的团队、陕西文化、皮影戏及相关产品，并利用社交媒体平台进行推广，以达到更好的宣传效果。狼影团队利用微博获取最新的比赛信息，与其他团队进行有效的沟通，并且及时地向企业教官提出建议，以便更好地完善方案。

（五）陕西皮影文化的宣传推广方案实施计划

1．前期阶段

（1）找到货源。找到一个合作商家，通过与合作商家的合作，来解决活动过程中货源的数量、质量问题。

（2）计划预算。方案计划仓库占地面积 30 平方米，预计投资 1 万元，建设期为 2 个月，建成运营后，月实现毛收益 6000 元，利润为 3000 元。计划方案静态投资收回期为 6 个月，具有良好的经济效益。

（3）搭建皮影文化网络营销平台，采取网络营销的新模式。

（4）配送管理。组建一支由大学生组成的物流配送队伍，这不仅能给在校大学生提供一份兼职工作，还能为团队节省很大的一笔物流费用。企业进行同城配送和全国物流配送，寻求合作的物流公司，进行商议（前期由企业解决），提出相应的物流配送意见；同时可以尝试辐射到周边的大学，把这种模式扩展到周边的大学。

2．中期阶段

（1）为了扩大团队规模，寻求更多的合作伙伴。积极与皮影销售商进行合作，并进行宣传推广。希望打造自己的品牌，使之成为皮影行业的第一品牌。

（2）举办连锁展销。选择一个大学校园，作为一个基点举办展销活动，然后引向所在城市的其他大学校园去举办展销活动，将活动推进更多的校园中。

（3）为了提升皮影文化的影响力，将不断改进综合交流平台，扩大它的功能。还将增加皮影爱好者的数量，并与他们进行更多的沟通和互动。定期推出具有创意的皮影作品，并及时更新皮影文化的最新动态。为了让皮影文化走出国门，应该努力开发更多的在线平台，比如亚马逊购物，让更多的外国人通过这些平台来了解和喜爱皮影文化。

3. 后期阶段

民间艺术是一种源自民间的艺术形式，它曾经是一种珍贵的民族艺术遗产，现在则是一种丰富多彩的群众生活，是民族艺术的传统。它以自发性和自娱性为特点，以真诚质朴和深厚的情感而闻名。中华民族历史悠久，一直以来都重视自我情感。民间艺术是这种情感的最好体现，传承和发展民间艺术是重要的历史责任。

为了提升网站的功能和服务水平，将对其进行升级。将建立一个完善的管理体系，包括财务部、营销部、外联部、行政部和人事部。这将有助于加强文化创意产业平台的建设，吸引更多的厂商加入。随着加盟方式的不断完善和正规化，企业可以建立一种独特的合作模式，从而降低成本和费用，解决网商个体力量和实体企业的问题。为了实现长期的盈利，企业应该建立自己的团队企业品牌，不仅要提高产品销售利润，还要打造品牌价值，吸引风险投资，最终打造国内外皮影第一品牌。始终坚持以社会公益为目标，努力推广皮影文化。

二、项目特色

（1）陕西皮影文化创意产业平台的搭建，有实际应用价值、客户资源价值、信息集合价值和平台建设的技术价值。

（2）与企业进行合作、销售产品有经济价值。

（3）平台的搭建同时也给了大学生一个实践的机会，为同学们提供一个勤工俭学的岗位，增加学生的实践经验。

（4）历史价值，让陕西皮影文化能在快速发展的时代传承下去，为喜欢文化的人提供便捷的享受。

（5）通过经济的影响力带动整个皮影文化的广泛流传，使得文化得以传承。

（6）陕西皮影文化的推广有社会公益价值，文化的推广响应了国家文化产业建设的号召，为发扬民族文化事业增添色彩。

三、项目点评

只有通过保护和传承物质和非物质文化遗产，一个民族才能保持其独特的风格和魅力。尽管皮影艺术已经远离了我们，但只要我们能够找到它的精髓，它仍然会回到我们的身边。陕西皮影文化宣传推广案例将特色文化产业与电子商务相结合，利用网络平台进行营销推广，同时通过各类活动宣传陕西民族文化艺术传承的创意产品，突出重点，将特色文化产业发展壮大，推动民间艺术品的创新开发，以此来宣传陕西特色文化产业。经过对陕西皮影文化的深入研究，制定了一套完善的推广计划，将传统的文化元素与现代电子商务相结合，提出了一种全新的营销理念，这对于陕西皮影文化的传播和发展具有重要的意义。

第二节 优科网络校园工作室

优科网络校园工作室基于网站建设、网络营销等业务，创办校园网络工作室，服务于地方企事业单位，截至 2015 年，服务企业 80 余家，团队毕业后创办了网络公司。该项目荣获第五届大学生网络商务创新应用大赛西北赛区特等奖、全国赛区二等奖，团队接受了《中国青年报》《经济日报》的采访，并在报纸上刊发了相应的采访内容。该项目为 2012 年陕西省大学生创新创业训练项目，获项目资金资助。

一、项目简介

（一）项目背景分析

在网络飞速发展的今天，互联网成为人们快速获取、发布和传递信息的重要渠道，它在人们的经济、生活等各个方面发挥着越来越重要的作用。作为一个现代化的企业，如果没有自己公司的网站则会对企业未来的发展产生阻碍。网站是一家公司重要的广告宣传载体。公司创建一个网站可以让互联网上的用户轻松、全面地了解自己的公司及公司的产品，他们可以简单地通过搜索引擎找到公司、了解公司、联络公司、购买公司的产品。

如果仅仅是维护一个拥有基本交互功能的网站，除去域名和空间的费用，每年的费用大约在 1000 元左右；而制作和维护一个拥有电子商务功能的网站，则可以节省大量的费用，这种成本比普通的广告投入更加实惠。

但是对于一个想要在互联网进行营销活动的企业来说，光有一个网站是不够的，还需要对网站进行优化处理，让诸如谷歌、百度和雅虎等主要搜索引擎收录网站，逐步提升网站权重。这将带来大量既免费又有针对性的流量，销售量也会随之增加。有效实施搜索引擎优化的网站，只要起步做好了，维持后续的排名并不会耗费太多精力。

（二）整体方案实施计划

优科网络工作室作为一个大学生工作室，主要围绕网站建设和网络推广开展业务，主要业务如图 6-2-1 所示。

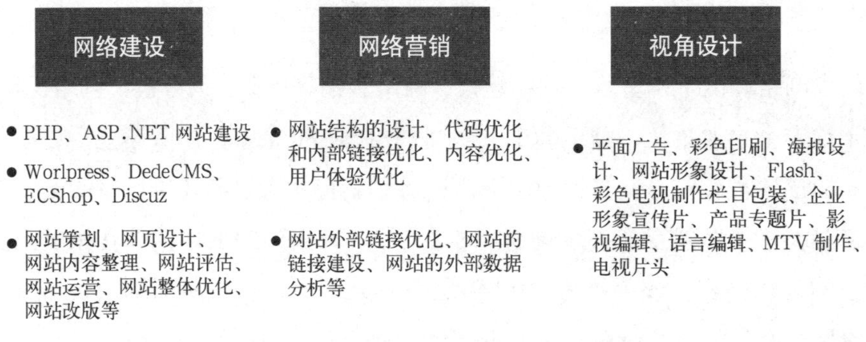

图 6-2-1　优科网络校园工作室的主要业务

（三）营销策略

市场发展拓展的整体规划：以网站建设、网络推广作为主营的业务，在西安本地做好网络工作室，以西安为基础辐射全国。建立属于自己的工作室、网络公司，把优科优质的服务和完备的售后推向顾客、推向社会，使优科成为企业值得信赖的合作伙伴。

营销主要由线上和线下两大部分组成，主要从以下几点入手。

（1）网络工作室网站的搜索引擎优化、百度竞价排名；

（2）云端技术的使用和关联；

（3）移动电子商务业务推广；

（4）博客、微博、论坛、电话短信营销；

（5）优科网络工作室部门成立互帮互助学习园地。

除了以上几点，还可以从其他几方面进行配合营销，如部门纳新、飞信营销等。经过研究，提出以下扩展模式。

（1）跨行业进行业务合作，优势互补；

（2）在做好网络线上市场的同时，不放弃线下营销，进行线上线下相结合的营销；

（3）维护旧客户，借助自有的网络平台进行积极沟通，并发展新客户。

扩充手中的资源，抓紧手中的资源，组合身边的资源，尽最大可能利用作为大学生的优势，扬长避短，进行营销活动。

（四）项目实施过程

1. 网站搭建

首先在充分了解目标受众的需求的基础上搭建好网站。

2. 网站推广

选择以“SEO（搜索引擎优化）为主，竞价排名为辅”的方式在互联网上推广网站。

（1）搜索引擎优化。已经有 56500 的反链，687 的收录，百度权重 1，谷歌 PR 值为 2。

（2）百度竞价排名。以百度作为中心，开展网络推广活动。

3. 移动互联网营销

为企业用户开发公司网站的专用 APP 程序，提升企业的形象，让企业在移动互联网的浪潮中可以站稳脚跟。目前开发的程序包括：商城客户端、论坛客户端、企业网站客户端。

4. 云计算技术的利用

云计算是基于互联网的相关服务的增加、使用和交付模式，通常涉及通过互联网来提供动态易扩展且经常是虚拟化的资源。

（1）新浪移动云平台；

（2）移动应用在线开发云平台。

5. 即时聊天系统和社会化网络推广

在网站中加入了即时聊天系统和QQ等在线沟通接口，给网站添加了百度分享模块，可以让用户很便捷地将网站分享到各大知名社会化网站。

（五）线下营销

网络工作室和一般网站一样，在初期起步的过程中很难从互联网取得订单，需要用线下营销来进行辅助，以线下的传统营销方式和手段带动线上的发展，在线上业务成熟的时候可以使线上营销和线下营销相互促进，共同发展。

1. 与财务咨询公司合作形成外包服务产业链

选择与西安本地的财务公司进行合作是因为财务咨询公司可以在获得客户首肯的情况下，从中取得大量的潜在客户的信息。

2. 校园兼职机会

优科网络为学生提供代理模式的兼职工作，学生可以申请成为优科网络的外围成员，对优科网络进行营销宣传，介绍身边的亲戚朋友做网站，也可以自己找企业洽谈，每单业务给予学生纯利润的20 %～30 %。

3. 电话营销

通过4C（电话营销流程）的流程主动出击，进行电话营销，通过黄页网站获取西安本地企业的信息，经过团队成员的筛选后进行电话营销，电话营销的过程中询问企业是否有建立网站或者网络推广等方面的业务需求。并针对客户的需求，把相关网站建设和网络推广的基本概念及作用向客户做简单的介绍。

二、项目特色

首先，建立优科网络工作室，依靠学校提供的办公室，模拟公司机房及网络接入条件，充分发挥学生的主观能动性，利用大学生的创新思维，在校园进行品牌推广，招贤纳士，让更多的有才之士进入优科网络工作室，大家一起奋斗努力。

其次，通过线下的市场营销和线上的网络推广，进行业务推广活动，争取拿到更多的订单，与更多的企业进行合作，帮助企业建立网站、进行网络推广。在线上部分，通过百度推广等方式推广方案，有效地创新和使用网络工具，为团队创造影响力，进行网络营销；在线下部分，着重开展与本地公司企业的合作，特别是与财务咨询公司的合作，优势互补，形成业务外包产业链。

最后，优科网络作为一个以大学生在校创业为主题的工作室，并不是单纯的以盈利为目的，更多的是从电子商务专业角度出发，增强大学生就业竞争力。在优科网络工作室中，每周三和周五的下午4：30—6：30，在学校提供的模拟公司中，在老师的指导下，采取学长互助方式对新加入的成员进行培训，增强学生的网络知识技能，每晚9：00—11：00进行上机实践操作。把每一个企业合作的项目都当作大学生实践学习的项目，让工作室中的学生可以学以致用，把自己学习到的东西运用到实践当中去。争取做到理论和实践的结合，培养大学生的主观能动性和实践动手能力，从而提高大学生的就业竞争能力。

三、项目点评

优科网络是一支由大学生组建的校园网络工作室，是一家以互联网基础业务为起点，集网站建设、网站制作、网站设计、网站优化、网站推广、网站策划、网络营销、搜索引擎优化、域名注册、主机租用、企业邮箱为一体的综合性网络工作室。该项目的目标是把优科网络工作室建设成为西安本地最大的网络服务提供商，以真实的企业项目作为提升学生动手能力的媒介，以创业项目提升大学生的专业素质。

通过此项目的运营，将充分利用专业知识、丰富的实践经验、无限的创造力和团队合作精神，以“言行一致、尊重他人、诚实守信、勇于创新”为团队精神，致力于为企业和事业单位提供最优质的互联网多媒体服务，为企业和事业单位提供一种全新的通过互联网宣传企业品牌形象的方式，与大众共同推动中国互联网产业的发展。

第三节 生鲜电子商务——鲜优网

“生鲜电商”之所以独立一派，在于这个行业的特殊性，所谓“电商以类聚，新鲜以群分”，这个行业难在一个“鲜”字，它挑战的是电商领域各行业的高精尖，考验的是全产业链的整合能力。鲜优网团队目前将生鲜猪肉销售作为团队的主营业务，团队从生产源头把控，运用视频监控、APP 远程测评等相关技术手段，把控猪肉的生产、运输、包装等全部环节，解决了消费者、农户、销售商面临的实际问题。

一、项目简介

（一）项目背景分析

“舌尖上的安全”已经成为社会的一大热点。人民网在全国两会前夕进行的热点话题网上调查中，“食品药品安全”仅次于“社会保障”和“反腐倡廉”，在网民最为关注的话题中排名第三。

要解决这个问题，首先，要在产业前控制源头，采取“公司＋合作社＋养殖户”的经营模式，采取“五统一、一扶、一优”（五统一指的统一供种、统一供料、统一防疫、统一管理、统一销售；一扶指的是帮扶农户贷款和养殖；一优是指在农户买和卖的过程中给予充分的优惠）管理办法，确保活体源头的安全。

其次，打造两个互联网平台：兴农网和鲜优网，重点整合传统畜牧产业，改变传统模式，利用互联网模式运作整个产业过程，通过改变传统畜牧业常年亏损、散乱的情况来改善没有竞争力的、健康无公害肉制品的风险现状。让消费者可以通过互联网足不出户就能购买到放心、健康、无公害的肉制品。

最后，通过新型互联网模式透明化信息管理系统加强生产过程与销售服务的联系，尽可能将风险降到最低，真正实现企业内部可控性产销一体生态型可持续发展产业链。

（二）市场分析

猪肉是市民的必需品。猪肉在供应上已经基本满足了当前的生活水平和消费需要，然而猪肉安全质量问题却不容乐观，注水肉、注胶肉、人造猪肉、病死猪肉、DFD 肉、瘦肉精肉等各类肉品安全事件层出不穷。这些安全事件严重危害消费者的身体健康。在此背景下，绿色猪肉应运而生。

据分析，消费者购买绿色猪肉的目的主要以下几种。

①为了日常消费所需，平时基本上就是消费这种猪肉；

②将其作为高档产品改善生活；

③只是出于好奇而尝试性地购买；

④）将绿色猪肉作为礼品赠送他人；

⑤出于其他目的购买。

可见在购买过绿色猪肉的消费者中，在购买力内达到消费期望值的绿色猪肉是作为一种生活必需品被需要的。

因此计划打造两个互联网平台，一个平台作为互联网模式下的新型畜牧的销售渠道型，在网络发达的当下满足消费者可以通过互联网足不出户就能购买到放心、健康、无公害的肉制品的需要。根据我国有机肉产品区域集散地分析，在中国每一个需要肉制品的餐馆、酒店、个体都是潜在的目标客户。第二个平台作为互联网模式下的新型畜牧的全产业链型，又称为第三方服务平台。为养殖户提供管家式服务，监督着生产者的生产流程等来增加企业在市场中的美誉度，扩大客户群。

（三）营销策略

构建属于轻资产模式的互联网平台，核心思路在于杠杆化操作，用核心资源撬动规模资源，用小量资金撬动大量资金。通过新型互联网模式透明化信息管理系统，加强生产过程与销售服务的联系，尽可能将风险降到最低，以真正实现企业内部可控的产销一体生态型可持续发展产业链。即兴农网与鲜优网采用的营销战略是组成产销一体化，从生猪饲养、猪肉加工到产品销售的一体化模式，这样既可以控制猪肉的质量，又能从环节上保证安全。

（四）营销策划的实施过程

营销策划的实施主要分为两个部分，即线下营销和线上营销，在平台发展前期，采用线下带动线上的营销理念。

1. 线上营销

以用户为中心，站在各种客户群体的角度去思考，由于用户终端的设备不同，所在环境不同，不能只限用户使用一种方式进入平台。对项目旗下网站进行平台扩展，最终每个网站都形成除计算机端站点外，移动端、Web 页面等客户端全覆盖，同时还开通微信商城，辅助引流。让用户不论选择任何方式都可以进入平台，减少用户流失。

（2）兴农网

①兴农网的标志是由一圈麦苗向上围绕成一个圆，象征着农业。中间是经过处理艺术化的字母“X”，预示着中文的“兴”，符合网站名称定位。

②网站搭建。兴农网下设四大板块，分为市场行情、信息发布、养殖知识、沟通交流区，这四大板块为用户提供信息、认证原料、设备服务、专家会诊、农业政策、加入兴农等专业服务板块。同时还增加娱乐项目、话费充值、积分制度、用户回馈等功能提升用户黏度。

（3）移动端与多渠道建设

为了让用户能够便捷地进入网站平台，同时开发传统网站与移动端的建设，兴农网建立了计算机端网站、手机端 Web 简洁网页、安卓手机客户端、ios 客户端、兴农网微信公共平台，实现多平台、多入口、多渠道。

（4）微信商城

近两年互联网一直在向移动端转移，为了更利于社会化的营销扩展，快速宣传扩大鲜优网的品牌，构建了微信商城。

2．线下营销

（1）与企业合作

为了更好地实施项目，将与企业合作，如正大集团、乾坤生物科技有限公司、海都牧业公司、韩城市屠宰场、西安市儿童医院、韩城市部分酒店、西安红会美食广场等。

①正大集团，为兴农网的养殖户提供了天然无添加的谷物饲料。

②乾坤生物科技有限公司，为兴农网养殖户提供了科技产品，为养殖户在养殖过程中遇到的技术问题提供了技术指导，以及合理用药的把控。

③西安市儿童医院、韩城市部分酒店、西安红会美食广场，是与鲜优网合作的企业，也是鲜优网可靠有保障的固定消费企业。

④海都牧业公司，海都牧业公司是与兴农网合作的标准的养殖场，为兴农网提供了有保障、安全、有效的养殖方法，降低了养殖户的风险。

⑤韩城市屠宰场，是与兴农网合作的屠宰产业，也为兴农网的养殖户提供了安全的屠宰场，同时也是鲜优网无污染肉质产品的主要提供者。

(2) 与农户合作

农民的养殖习惯在政府的计划安排下进行，缺乏市场信息观念。由于信息不灵而盲目养殖、销售，造成肉制品生产大起大落，卖猪肉难等问题时有发生。鲜优农业信息网站的出现，使农民可利用网上信息指导养殖，利用网络推销农产品，不再盲目生产，也认识到信息的价值和重要性，开始搜集信息、利用信息，围绕市场信息进行养殖。通过上述领域的信息化和自控化，实现信息的自动传输和计算机自动控制，由计算机分析数据并进行模拟运算，确定最佳的管理方法，从而大大提高农业生产效率和管理水平。

信息时代的到来，为农牧品及养殖户等从事各种农业的生产者带来的绝不仅仅是生产技术的提高与市场行情的交流，更大的意义在于农业电商的发展必然会加快农业产业化的进程，提高农民的收入。

二、项目特色

(一) 核心产品

核心产品是鲜优肉品。由兴农网把控质量及透明化监控，鲜优网为客户提供鲜优肉品。客户的健康是企业追求的第一目标。鲜优杜绝一切为个人利益损害消费者健康的违法行为。

将产品标准定为两大战略。

1. 专精战略

鲜优的肉制品严格按照国家质量监督检验总局标准科学绿色生产。目前已通过国家质量总局产品质检认证（无公害、绿色、有机）。

与此同时，鲜优也将设立高出国家标准的质检体系部门，公开式严格把控与检测，并在成品上附有独有的质检商标。从生产的源头及绿色饲料的供给至屠案加工的整个过程，全程监控透明性产业链以确保产品的绝对安全，让消费者买得放心，吃得安心。

2. 品牌战略

鲜优将成立自己的专属品牌形象和品牌肉制品。将品牌形象留在消费者的心中，成为竞争对手无法复制的品牌，为企业带来满意的收益。

（二）特色服务

1．鲜优网

核心服务：顾客得到的核心利益。

为消费者提供了便捷，融入了当今的电商社会，使产品从质量上得到了保证，使消费者得到了最大的利益——“放心”。

2．兴农网

核心服务：便利的交互、质量的把控。

兴农网及移动客户终端对养殖户专业养殖技术的支持，解决猪肉滞留问题，带动农户进入电商社会，以及提供便利的销售渠道、把控产品的质量。

（三）主要运作环节

将饲料原料收购、饲料添加剂生产及饲料设备生产、饲料加工、种猪繁育及肥猪饲养、种猪及肥猪疾病防治、相关检验检疫、屠宰设备生产、生猪屠宰加工、猪肉产品贮运、产品销售等环节构成的产业链形成新型互联网模式下透明化的信息管理系统。

兴农网和鲜优网将传统和互联网相结合，在原有肉类生产企业的数量上，综合考虑生猪养殖规模和技术、屠宰加工能力、市场消费能力、交通状况等现实因素，将不可控制因素变成可控因素，风险也降至最低，保证让生产出来的每一件肉制品都能在短时间内销售出去，以确保利润最大化。将农业生产经营管理提高到一个新水平，解决管理效率低、调控不及时等问题，促进管理科学化、合理化和最优化。同时加强对养殖环节的政策、科学技术扶持，加快建设以优质畜禽规模养殖基地为主的养殖场，为肉类产业发展提供可靠的优质畜禽原料，从而加快农业的全面发展。

三、项目点评

本地化生鲜平台是发展的必然，也是鲜优网平台转型的方向，通过平台进行专业化分工，养殖户只管保证肉质，团队只需发展用户和服务用户，平台负责IT解决方案，物流外包给专业的生鲜物流企业等。只有专业化分工才能真正让各个环节的效率达到最高。

互联网已经成为大家生活中不可缺少的一部分，它给我们生活中带来的便利也让人们更加依赖于互联网。通过新型互联网模式透明化信息管理系统，加强生产过程与销售服务的联系，尽可能将风险降到最低，以真正实现企业内部可控性产销一体生态型可持续发展产业链。

参考文献

[1] 蔡静，吴维俊．“双创”时代大学生创业法治素养的提升 [M]. 太原：山西经济出版社，2023.

[2] 欧海锋．建筑设计未来院所长创新创业教育研究 [M]. 南京：南京东南大学出版社，2021.

[3] 邱天．高校体育创新思维的教学与实践 [M]. 厦门：厦门大学出版社，2020.

[4] 陈虹．大学创新创业教育 [M]. 北京：文化发展出版社，2020.

[5] 万生新，姬建锋．大学生创新创业教育 [M]. 西安：陕西人民出版社，2019.

[6] 李坤皇，何文婷，邓雪，等．三螺旋创新视角下大学的发展与创新创业教育研究 [M]. 厦门：厦门大学出版社，2018.

[7] 吴亚梅，龚丽萍．大学生创新创业教程 [M]. 重庆：重庆大学出版社，2018.

[8] 彭四平，伍嘉华．创新创业基础 [M]. 北京：人民邮电出版社，2018.

[9] 胡楠，郭勇．大学生创新创业指导 [M]. 北京：人民邮电出版社，2017.

[10] 王玉斌，张丽．全球价值链与高校创新创业教育研究 [M]. 成都：四川大学出版社，2017.

[11] 王李娜．“互联网 +”背景下双创融合型技术技能人才培养策略研究——评《基于“互联网 +”视角下的大学生创新创业教育》[J]. 科技管理研究，2023，43（2）：222.

[12] 吴伟，张莹．“互联网 +”背景下大学生创新创业教育存在的问题及新路径探究 [J]. 创新创业理论研究与实践，2022，5（23）：61−65.

[13] 张晓蕊，岳志春．创业认知背景下大学生互联网创新创业研究——评《互联网 + 大学生创新创业教育研究》[J]. 中国科技论文，2022，17（10）：1177.

[14] 彭飞，徐坤．“互联网 +”背景下大学生创新创业教育研究 [J]. 科技与创新，2022（17）：124−126；133.

[15] 景淑华 . 互联网 + 背景下应用型本科院校大学生创新创业教育路径探究 [J]. 科技风，2022（13）：29−31.

[16] 张惠 . “互联网 +”时代下大学生创新创业教育新模式的构建 [J]. 创新创业理论研究与实践，2022，5（2）：111−113.

[17] 王利华 . “互联网 +”背景下大学生德育教育与创新创业教育融合的思考 [J]. 就业与保障，2022（1）：148−150.

[18] 徐良，杨雪，邢文会，等 . “互联网 +”背景下大学生创新创业教育探究 [J]. 决策探索（下），2021（11）：80−81.

[19] 王小萌 . “互联网 +”背景下大学生创新创业教育评估体系构建 [J]. 高校后勤研究，2021（8）：86−88.

[20] 赵明，高鑫 . “互联网 +”视角下大学生创新创业教育的透视与反思 [J]. 吉林工程技术师范学院学报，2021，37（6）：18−20.

[21] 石静 . 新工科背景下高校创新创业教育的路径研究 [D]. 西安：西安理工大学，2022.

[22] 白小青 . 新业态视域下大学生创新精神培育研究 [D]. 太原：太原理工大学，2022.

[23] 陈朔 .“互联网 +”背景下天津市普通高校大学生创新创业开展现状研究 [D]. 天津：天津体育学院，2022.

[24] 王鹏 . 高职大学生创新创业大赛现状分析与“四位一体”创新创业教学模式构建研究 [D]. 桂林：广西师范大学，2021.

[25] 张昌忠 .“互联网 +”东莞现代农业产业双创生态圈构建模式研究 [D]. 广州：仲恺农业工程学院，2019.

[26] 屈静 .“互联网 +”高职生创新创业能力培养策略研究 [D]. 苏州：苏州大学，2018.

[27] 胡方方 . “互联网 +”背景下大学生创新创业模式研究 [D]. 洛阳：河南科技大学，2018.

[28] 李总苛 . 基于“互联网 +”的创新创业因素分析及其评价研究 [D]. 武汉：湖北工业大学，2017.

[29] 石娟 ."互联网 +"视域下大学生创新创业的机遇与挑战 [D]. 成都：四川师范大学，2017.

[30] 汪端德 . 大学生在"互联网 +"时代的创新创业研究 [D]. 武汉：华中科技大学，2016.

[31] 李家华 . 创业基础 [M]. 北京：清华大学出版社，2015.

[32] 张玉臣，叶明海，陈松 . 创业基础 [M]. 北京：清华大学出版社，2015.

[33] 吴建平，赵都敏 . 大学生创业基础教程——知识 · 技能 · 思维 [M]. 北京：高等教育出版社，2015.

[34] 李浩 . 大学生创业理论与实训教程 [M]. 徐州：中国矿业大学出版社，2014.

[35] 刘霞 . 新企业创业要素体系的构建研究 [J]. 科技管理研究，2010，30(18):255-257.

[36] 林嵩 . 创业资源的获取与整合——创业过程的一个解读视角 [J]. 经济问题探索，2007(6):166-169.

[37]DARREN L.Entrepreneurial thinking.a study of cognitive styles in small businesses[J].The International Journal of Design Management and Professional Practice，2015，8 (2)：1-16.

[38]TUCKED，SELCUK S S.Which Factors Affect Entrepreneurial Intention of University Students?[J].Journal of European Industrial Trainning，2009，33 (2)：142-159.

[39] 中共河南省委讲师团 . 走进互联网时代 [M]. 郑州：河南人民出版社，2010.

[40] 朱继东 . 新时期领导干部意识形态能力建设 [M]. 北京：人民出版社，2014.

[41] 中华人民共和国国民经济和社会发展第十三个五年规划纲要 [N]. 人民日报 ,2016-03-18(001).

[42] 国务院 . 国务院关于积极推进"互联网 +"行动的指导意见 [EB/0L].(2015-07-01) [2023-03-06].http：//www.gov.cn/zhengce/content/2015-07/04/content_10002.htm.

[43] 习近平 . 在网络安全和信息化工作座谈会上的讲话 [N]. 人民日报 ,2016-04-26(002).

[44] 阿里研究院 . 互联网 +：未来空间无限 [M]. 北京：人民出版社，2015.

[45] 李天阳．一本书读懂互联网 +[M]. 哈尔滨：北方文艺出版社，2016.

[46] 官建文．中国移动互联网发展报告 [M]. 北京：社会科学文献出版社，2016.

[47] 致远协同研究院．互联网 +：工作的革命 [M]. 北京：机械工业出版社，2015.

[48] 张洪杰，郭小平．"互联网 +"时代创新创业导向的大学生信息素养培育模式研究 [J]. 情报科学，2017，35（6）：94-98.

[49] 陈爱雪．"互联网 +"背景下大学生创新创业教育的新模式探究 [J]. 黑龙江高教研究，2017（4）：142-144.

[50] 史晋川，王维维．互联网使用对创业行为的影响——基于微观数据的实证研究 [J]. 浙江大学学报（人文社会科学版），2017（4）：159-175.

[51] 王磊．信息时代社会发展研究：互联网视角下的考察 [M]. 北京：人民出版社，2014.

[52] 杜永红，梁林蒙．大学生创新创业教育：基于互联网 + 视角 [M]. 北京：清华大学出版社，2016.